이렇게
기막힌
적중률

정보처리기능사
필기 기본서

2권 · 기출공략집

"이" 한 권으로 합격의 "기적"을 경험하세요!

YoungJin.com Y.
영진닷컴

대표 기출 70선

최신 기출문제

최신 기출문제 정답 및 해설

구매 인증 PDF

모의고사 01~02회

시험장까지 함께 가는 핵심 요약

※ **참여 방법** : '이기적 스터디 카페' 검색 → 이기적 스터디 카페(cafe.naver.com/yjbooks) 접속 → '구매 인증 PDF 증정' 게시판 → 구매 인증 → 메일로 자료 받기

기출공략집

1과목 전자계산기 일반

참고 파트01-챕터01-섹션01

01 | 운영체제의 목적(성능 평가 요소)

- 호환성 : 서로 다른 컴퓨터 간에도 프로그램이나 자료의 공유가 가능
- 신뢰성 : 주어진 환경에서 아무 고장 없이 담당 기능 및 문제 처리를 원활하게 수행할 수 있는 척도
- 범용성 : 일부분에 국한되지 않고 다목적으로 사용
- 자동성 : 작성된 프로그램에 의해 자동으로 처리
- 정확성 : 컴퓨터에서 처리된 결과는 정확함
- 신속성 : 컴퓨터의 처리 속도는 빠름
- 대용량성 : 대량의 자료 처리 및 보관이 가능

프로그램이 컴퓨터의 기종에 관계없이 수행될 수 있는 성질을 의미하는 것은?

① 가용성   ② 신뢰성
③ 호환성   ④ 안정성

참고 파트01-챕터01-섹션03

02 | 중앙 처리 장치

중앙 처리 장치는 연산 장치와 제어 장치가 있으며 넓은 의미로 주기억 장치가 포함되기도 한다. 제어 장치에서 연산 장치와 주기억 장치로 제어 신호를 내보내고, 연산 장치에서 데이터의 연산이 이루어진 다음 그 결과를 주기억 장치로 보내는 기능을 함
- 중앙 처리 장치(CPU) : 제어 장치, 주기억 장치, 연산 장치
- 주변 장치 : 입력 장치, 출력 장치, 보조 기억 장치

컴퓨터의 기본 구성을 표시한 것이다. ☐ 속에 알맞은 것은?

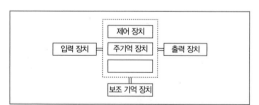

① 컴파일 장치   ② 연산 장치
③ 중앙 처리 장치   ④ 통신 장치

참고 파트01-챕터01-섹션03

03 | 레지스터의 종류

- 명령어 레지스터(IR) : 현재 실행 중인 명령어를 기억하는 레지스터
- 프로그램 카운터(PC) : 다음에 수행할 명령어의 번지(주소)를 보관
- MAR(Memory Address Register) : 기억 번지 레지스터로서 기억 장소의 주소를 기억하는 레지스터
- MBR(Memory Buffer Register) : 기억 버퍼 레지스터로서 기억 장치를 통해 접근되는 정보의 내용을 기억하는 레지스터
- 누산기(Accumulator) : 산술 및 논리 연산의 결과를 일시적으로 기억
- 인덱스 레지스터(Index Register) : 인덱스 주소 지정 시 사용되는 레지스터
- 메모리 레지스터(Memory Register) : 한 비트를 저장할 수 있는 플립플롭의 모임으로 중앙 처리 장치 내에 있는 임시 기억 장소

현재 실행 중인 명령어를 기억하고 있는 제어 장치 내의 레지스터는?

① 누산기(Accumulator)
② 인덱스 레지스터
③ 메모리 레지스터
④ 명령어 레지스터

참고 파트01-챕터01-섹션03

04 | 누산기

누산기(ACCumulator) : 산술 및 논리 연산의 결과를 일시적으로 기억하는 연산 장치의 핵심 레지스터로 연산의 중심이 되는 레지스터

① Flip-Flop
② General Register
③ Address Register
④ Accumulator

오답 피하기
- Flip-Flop : 1비트('0' 또는 '1')의 정보를 기억할 수 있는 최소의 기억 소자 (종류 : RS 플립플롭, JK 플립플롭, D 플립플롭, T 플립플롭 등)
- General Register : 여러 가지 목적(General Purpose Register)으로 사용되는 범용 레지스터
- Address Register : 주소를 기억하는 주소 레지스터

정답 01 ③ 02 ③ 03 ④ 04 ④

참고 파트01–챕터02–섹션01

05 | 불 대수

합의 법칙	곱의 법칙
$A + 0 = A$	$A \cdot 0 = 0$
$A + 1 = 1$	$A \cdot 1 = A$
$A + A = A$	$A \cdot A = A$
$A + \overline{A} = 1$	$A \cdot \overline{A} = 0$

불 대수의 정리 중 옳지 <u>않은</u> 것은?

① $A \cdot A = A$　　② $A \cdot 1 = A$
③ $A + A = 1$　　④ $1 + A = 1$

참고 파트01–챕터02–섹션02

06 | 기본 논리 회로 – XOR

베타적 논리합(XOR)으로 둘 중 하나의 값이 1일 때만(서로 다를 때)
출력값이 1이 됨 (논리식 : $S = \overline{A} \cdot B + A \cdot \overline{B} = A \oplus B$)

진리표가 다음 표와 같이 되는 논리 회로는?

A(입력)	B(입력)	S(출력)
0	0	0
0	1	1
1	0	1
1	1	0

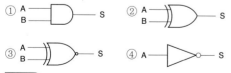

오답 피하기
• AND 게이트 : A B ─ S
• XNOR 게이트 : A B ─ S
• NOT 게이트 : A ─ S

참고 파트01–챕터02–섹션02

07 | 기본 논리 회로 – NOT

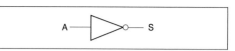

NOT 게이트(인버터(Inverter))는 입력값의 반대값이 출력되는 게이트
로 2진수 1의 보수를 구하는 데 사용됨

보기와 같은 도형과 관련 있는 사항은?

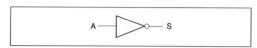

① OR 게이트　　② 버퍼(Buffer)
③ NAND 게이트　　④ 인버터(Inverter)

오답 피하기
• OR 게이트 : A B ─ S
• 버퍼 게이트 : A ─ S
• NAND 게이트 : A B ─ S

참고 파트01–챕터02–섹션02

08 | 기본 논리 회로 – AND, OR

• AND : 두 개의 입력 스위치가 직렬로 연결, 둘 다 동시에 ON
  상태에서 불이 켜지므로 A=1, B=1이 됨
• OR : 두 개의 입력 스위치가 병렬로 연결되어 있어서 둘 중 하
  나만 ON이면 불이 켜짐

그림의 전기 회로를 컴퓨터의 논리 회로로 치환하면?

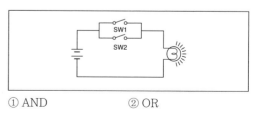

① AND　　② OR
③ NOT　　④ NAND

정답 05 ③ 06 ② 07 ④ 08 ②

참고 파트01-챕터02-섹션03

09 | 반가산기(HA : Half Adder)

- 2진수 1자리(1Bit)의 A와 B를 더한 합(Sum)과 자리올림수 (Carry)를 얻는 회로
- 입력 : 2개(A, B), 출력 : 2개(S, C)
- AND 회로와 XOR 회로로 구성

A	B	합(S)	자리올림수(C)
0	0	0	0
0	1	1	0
1	0	1	0
1	1	0	1
		XOR 회로	AND 회로

$$\therefore \text{논리식} : S = \overline{A} \cdot B + A \cdot \overline{B} = A \oplus B$$
$$C = A \cdot B$$

- 진리표에 의해 출력된 합(Sum)은 배타적 논리합(eXclusive OR) Gate의 진리표이고, 자리올림수(Carry)는 논리곱(AND) 의 진리값과 같음

반가산기(Half-Adder)의 논리 회로도에서 자리올림 이 발생하는 회로는?

① Exclusive OR   ② OR
③ NOT   ④ AND

참고 파트01-챕터02-섹션04

10 | 플립플롭(Flip-Flop)

- 플립플롭(Flip-Flop) : 1비트('0' 또는 '1')의 정보를 기억할 수 있는 최소의 기억 소자
- 플립플롭 종류
  - RS 플립플롭 : Reset 단자와 Set 단자의 신호에 따라 2진 수 1자리를 기억
  - JK 플립플롭 : J=K=1이 되면 반전
  - D 플립플롭 : 한 개의 입력을 가지며, RS 플립플롭에 NOT 게이트를 추가해서 구현할 수 있음
  - T 플립플롭 : JK 플립플롭의 JK를 하나로 묶어서 T로 표시

1비트(bit) 기억 장치로 가장 적합한 것은?

① 누산기   ② 레지스터
③ 계전기   ④ 플립플롭

오답 피하기
- 누산기(Accumulator) : 산술 및 논리 연산의 결과를 일시적으로 기억하는 장치
- 레지스터(Register) : 중앙 처리 장치 내의 고속 임시 기억 장치, 자료를 일시적으로 기억, 연산 속도의 향상에 사용 목적이 있음

참고 파트01-챕터02-섹션04

11 | JK 플립플롭

- JK플립플롭은 RS 플립플롭에서 S=R=1인 경우에 발생하는 문제점(부정)을 보완 개선한 플립플롭으로 모든 플립플롭의 기 능을 대용할 수 있으므로 응용 범위가 넓고 집적 회로화되어 가장 널리 사용됨
- J = 0, K = 0 → 전 상태 불변, J = 0, K = 1 → 0, J = 1, K = 0 → 1

JK 플립플롭(Flip Flop)에서 보수가 출력되기 위한 입 력 값 J, K의 입력 상태는?

① J = 0, K = 1   ② J = 0, K = 0
③ J = 1, K = 1   ④ J = 1, K = 0

참고 파트01-챕터02-섹션04

12 | RS 플립플롭

- RS 플립플롭에서 S=1, R=1이면 출력은 부정(불능) 상태가 됨
- RS 플립플롭에서 S=0, R=0이면 출력은 전 상태 불변이 됨
- RS(Reset/Set) Flip-Flop

S	R	Q_{t+10}
0	0	전 상태 불변
0	1	0(Reset)
1	0	1(Set)
1	1	불능(Not Allowed)

RS Flip-Flop에서 CP=1이고 S=0, R=0이면 출력 Q 의 상태는?

① 0으로 RESET 된다.   ② 불변 상태이다.
③ 1로 SET된다.   ④ 부정이 된다.

정답 09 ④ 10 ④ 11 ③ 12 ②

참고 파트01-챕터03-섹션02

13 | 그레이 코드

그레이 코드

- 비가중치 코드 중 한 숫자에서 다음 숫자로 증가할 때 한 비트만 변함
- '2진수 → 그레이코드', '그레이코드 → 2진수' 두 가지 변환 방법이 있음

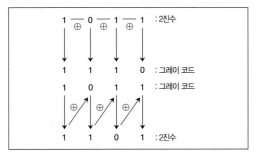

2진수 1011을 그레이 코드(Gray Code)로 변환한 것은?

① 0111 　　　　　② 1110
③ 0100 　　　　　④ 1010

참고 파트01-챕터03-섹션03

14 | 연산

- MOVE 연산 : 단항(Unary) 연산의 한 종류로 이동을 의미함
- OR 연산 : 논리 연산으로 문자 추가 기능을 가지며 두 수 중 하나 이상만 참(1)이면 전체 값이 참(1)이 됨
- Complement 연산 : 논리 연산으로 NOT 연산을 의미하며 입력된 값의 반대 값이 출력됨
- AND 연산 : 둘 다 1인 경우 1이 출력됨

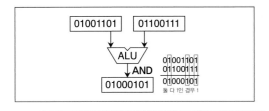

다음 그림의 연산 결과는?

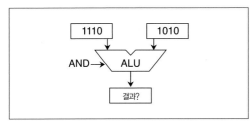

① 1001 　　　　　② 1101
③ 1010 　　　　　④ 1110

참고 파트01-챕터04-섹션01

15 | 명령어(Instruction)

명령어의 형식은 명령 코드부(OP-Code)와 번지부(Operand)로 구성됨

OP-Code (연산자부)	Operand(주소부)		
	Mode	Register	Address

Instruction의 구성에서 처음의 바이트(Byte)에 기억되는 것은?

① Length 　　　　　② Operand
③ OP-Code 　　　　④ Comma

참고 파트01-챕터04-섹션01

16 | 주소 형식

- 0-주소 형식(=스택 구조)
  - 명령어에 주소부(오퍼랜드부)가 없이 데이터가 명령어 자체에 있는 방식(연산자만 존재하는 형식)
  - 스택(Stack) 구조의 컴퓨터에서 사용(번지가 묵시적으로 지정)
  - 연산 속도가 가장 빠름
  - 스택(Stack) : 삽입과 삭제가 한쪽 끝에서만 이루어지는 선형 구조, LIFO(Last In First Out) 구조
- 1-주소 형식(=ACC(누산기) 구조) : 주소부가 하나 존재
- 2-주소 형식(=범용 레지스터 구조) : 주소부가 2개인 가장 일반적인 형식
- 3-주소 형식(=범용 레지스터 구조) : 명령어에 주소부가 3개 존재하므로 원래의 값이 보존됨

0-주소 명령은 연산 시 어떤 자료 구조를 이용하는가?

① QUEUE 　　　　　② DEQUE
③ STACK 　　　　　④ TREE

오답 피하기

- QUEUE : 한쪽 끝으로는 삽입만 다른 한쪽으로는 삭제만 수행되며 가장 먼저 들어온 자료가 가장 먼저 제거되는 구조(= FIFO ; First In First Out 구조), 스풀 운영에 이용
- DEQUE : 스택과 큐의 복합 형태의 선형 구조
- TREE : 정점과 선분으로 구성된 그래프의 특수한 형태(비선형 구조)

정답 13 ② 14 ③ 15 ③ 16 ③

참고 파트01-챕터04-섹션02

17 │ 주소 지정 방식

- 직접 주소 지정(Direct Addressing) : 주소 부분에 있는 값이 실제 데이터가 있는 주기억 장치 내의 주소를 나타냄(메모리 참조 횟수 : 1회)
- 간접 주소 지정(Indirect Addressing) : 명령어의 주소 부분으로 지정한 기억 장소의 내용이 실제 데이터가 있는 곳의 주소로 사용됨(메모리 참조 횟수 : 2회 이상)

주소 부분에 있는 값이 실제 데이터가 있는 실제 기억 장치 내의 주소를 나타내며 단순한 변수 등을 액세스 하는 데 사용되는 주소 지정 방식은?

① 상대 Address　　② 절대 Address
③ 간접 Address　　④ 직접 Address

오답 피하기

- 상대 번지(Relative Address) : 별도로 지정된 번지를 기준으로 하여 상대적으로 나타내는 번지, 상대 번지를 기준 번지에 더하면 해당 위치의 절대 번지를 구할 수 있음
- 절대 번지(Absolute Address) : 기억 장치 고유의 번지로 16진수로 0, 1, 2, 3,…과 같이 순서대로 정해 놓은 번지임

참고 파트01-챕터05-섹션02

18 │ 입출력 채널

- 멀티플렉서 채널(Multiplexer Channel) : 저속의 여러 입출력 장치(프린터, 카드)를 여러 개의 서브 채널이 있어서 동시에 조작할 수 있는 채널(=Byte Multiplexer Channel)
- 셀렉터 채널(Selector Channel) : 주기억 장치와 고속의 입출력 장치(자기 테이프, 자기 디스크) 간에 데이터를 전송하는 프로세서로서 한 번에 한 개의 장치를 선택하여 동작
- 블록 멀티플렉서 채널(Block Multiplexer Channel) : 블록 단위로 이동시키는 멀티플렉서 채널로서 셀렉터 채널과 멀티플렉서 채널의 복합 형태

동시에 여러 개의 입출력 장치가 작동되도록 설계된 채널은?

① Simplex Channel　　② Register Channel
③ Selector Channel　　④ Multiplexer Channel

참고 파트01-챕터06-섹션01

19 │ 레지스터(Register)

버퍼 레지스터(Buffer Register) : 읽거나 기록한 데이터를 일시적으로 기억하는 레지스터로 입출력 장치나 전자계산기 내부의 동작 속도를 맞추기 위해 사용됨

입출력 장치의 동작 속도와 전자계산기 내부의 동작 속도를 맞추는 데 사용되는 레지스터는?

① 시프트 레지스터(Shift Register)
② 시퀀스 레지스터(Sequence Register)
③ 어드레스 레지스터(Address Register)
④ 버퍼 레지스터(Buffer Register)

오답 피하기

시프트 레지스터(Shift Register) : Clock Pulse에 의해 기억된 내용을 한 자리씩 우측이나 좌측으로 이동하는 레지스터

2과목 **패키지 활용**

참고 파트02-챕터01-섹션01

20 │ 데이터베이스 디자인 단계

(1) 데이터베이스의 목적을 정의
(2) 데이터베이스에서 필요한 테이블을 정의
(3) 테이블에서 필요한 필드를 정의
(4) 테이블 간의 관계를 정의

데이터베이스 디자인 단계의 순서가 옳은 것은?

> (1) 데이터베이스의 목적을 정의
> (2) 데이터베이스에서 필요한 테이블을 정의
> (3) 테이블에서 필요한 필드를 정의
> (4) 테이블 간의 관계를 정의

① (1)-(4)-(2)-(3)　　② (1)-(3)-(2)-(4)
③ (1)-(2)-(4)-(3)　　④ (1)-(2)-(3)-(4)

정답 17 ④　18 ④　19 ④　20 ④

참고 파트02-챕터01-섹션01

21 | 데이터베이스 설계 단계

요구 조건 분석 → 개념적 설계 → 논리적 설계 → 물리적 설계 → 구현

다음의 데이터베이스 설계 항목들을 순서대로 옳게 나열한 것은?

㉮ 요구 조건 분석	㉯ 물리적 설계
㉰ 논리적 설계	㉱ 개념적 설계
㉲ 구현	

① ㉮ → ㉯ → ㉰ → ㉱ → ㉲
② ㉮ → ㉯ → ㉱ → ㉰ → ㉲
③ ㉮ → ㉰ → ㉯ → ㉱ → ㉲
④ ㉮ → ㉱ → ㉰ → ㉯ → ㉲

참고 파트02-챕터01-섹션02

22 | 데이터베이스의 필수 기능

- 정의 기능 : 물리적 저장 장치에 데이터베이스가 저장될 수 있게 물리적인 구조를 정의
- 조작 기능 : 데이터베이스와 사용자 간의 상호 작용 수단(데이터 요청, 변경 등)을 제공
- 제어 기능 : 데이터베이스의 내용을 항상 정확하게 유지하여 데이터의 무결성이 파괴되지 않도록 함

DBMS의 필수 기능으로 가장 적절한 것은?

① 정의 기능, 조작 기능, 제어 기능
② 예비 기능, 회복 기능, 조작 기능
③ 참조 기능, 보안 기능, 저장 기능
④ 보안 기능, 병행 제어 기능, 검증 기능

참고 파트02-챕터01-섹션02

23 | 스키마(Schema)

- 데이터베이스를 구성하는 개체, 속성, 관계의 형식과 상호 관계 전체를 정의하는 것
- 종류 : 외부 스키마, 개념 스키마, 내부 스키마

데이터베이스 구조를 3단계의 스키마로 나눌 경우 포함되지 않는 것은?

① 외부 스키마
② 개념 스키마
③ 논리 스키마
④ 내부 스키마

참고 파트02-챕터01-섹션02

24 | 데이터베이스 관리자

데이터베이스 관리자(DBA : Data Base Administrator)의 권한과 임무
- 데이터베이스를 구성하는 정보 내용 정의
- 데이터베이스의 생성과 삭제
- 데이터의 저장 구조와 접근 방법 결정
- 시스템의 보안성과 무결성 책임
- 백업과 회복을 위한 정책 결정
- 스키마의 정의

DBA의 역할로 거리가 먼 것은?

① DBMS의 성능 향상을 위한 데이터의 저장 구조 및 접근 방법의 결정
② 데이터베이스의 생성과 삭제
③ 데이터 보안에 대한 조치
④ 최종 사용자를 위한 응용 프로그램의 개발

오답 피하기

응용 프로그래머 : 데이터 부속어와 호스트 프로그래밍 언어를 이용하여 응용 프로그램을 개발

정답 21 ④ 22 ① 23 ③ 24 ④

참고 파트02-챕터01-섹션02

25 | 도메인(Domain)

도메인(Domain) : 애트리뷰트가 취할 수 있는 값(Value)들의 집합(예 성별의 경우 "남, 여"가 해당)

데이터베이스 개체(Entity)의 속성 중 하나의 속성이 가질 수 있는 모든 값의 집합을 무엇이라고 하는가?

① 객체(Object)
② 속성(Attribute)
③ 도메인(Domain)
④ 카디널리티(Cardinality)

오답 피하기
- 객체(Object) : 응용 프로그램에서 연결되거나 포함될 대상이 되는 데이터를 의미하며 프레젠테이션에서는 개체라하여 한 화면을 구성하는 개개의 요소(그림이나 도형 등) 등을 의미함
- 속성(Attribute) : 테이블에서 열을 나타내는 말로 필드와 같은 의미임
- 기수(Cardinality) : 카디널리티라고도 하며 한 릴레이션(테이블)에서의 튜플의 개수

참고 파트02-챕터02-섹션01

26 | SQL 명령어 – 명령어의 종류

- 데이터 조작 언어(DML) : 테이블 내의 레코드를 검색(SELECT), 삽입(INSERT), 갱신(UPDATE), 삭제(DELETE)하고자 할 때 사용하는 데이터 조작 언어
- 데이터 정의 언어(DDL) : 데이터를 입력하기 위한 테이블을 정의하거나 정보를 참조하기 위한 뷰를 정의하기 위한 언어(CREATE, ALTER, DROP)
- 데이터 제어 언어(DCL) : 데이터베이스 보안과 데이터의 연속성을 유지하기 위하여 데이터베이스를 제어하는 기능을 지원하는 제어 언어(GRANT, REVOKE, COMMIT, ROLLBACK)

SQL 명령어 중 데이터 정의문(DDL)에 해당하는 것은?

① UPDATE
② CREATE
③ SELECT
④ DELETE

참고 파트02-챕터02-섹션01

27 | SQL 명령어 – INSERT, UPDATE

- INSERT : 삽입문으로 테이블에 새로운 데이터(행)을 삽입하며 INSERT-INTO-VALUES의 유형을 가짐
- UPDATE : 갱신문으로 테이블에 저장되어 있는 데이터를 갱신하며 UPDATE-SET-WHERE의 유형을 가짐

SQL문의 형식 중 옳지 않은 것은?

① INSERT – SET – WHERE
② UPDATE – SET – WHERE
③ DELETE – FROM – WHERE
④ SELECT – FROM – WHERE

참고 파트02-챕터02-섹션01

28 | SQL 명령어 – ORDER BY

- ORDER BY : 검색 결과에 대한 정렬을 수행
- ASC : 오름차순을 의미하며 생략하면 기본적으로 오름차순임
- DESC : 내림차순을 의미

특정 필드의 검색 결과를 순서대로 출력하기 위한 SQL 절은?

① GROUP BY
② HAVING
③ ORDER BY
④ SELECT

오답 피하기
- GROUP BY : 그룹에 대한 질의 시 사용
- HAVING : 그룹에 대한 조건을 기술(반드시 GROUP BY와 함께 사용)

정답 25 ③ 26 ② 27 ② 28 ③

참고 파트02-챕터02-섹션01

29 | SQL 명령어 – DROP

DROP : 데이터베이스, 테이블, 뷰 등의 삭제

생성된 테이블을 삭제할 때 사용하는 SQL 명령은?

① DROP   ② CLEAR

③ KILL   ④ DELETE

오답 피하기

DELETE(삭제문) : 삭제문으로 테이블에 저장되어 있는 행을 삭제하며 DELETE-FROM-WHERE의 유형을 가짐

참고 파트02-챕터02-섹션01

30 | SQL 명령어 – RESTRICT, CASCADE

DROP에서 옵션 RESTRICT와 CASCADE
- RESTRICT : 제거 또는 삭제 대상으로 지정된 테이블, 뷰, 행 등에 대해 이를 참조하는 데이터 객체가 존재하면 제거를 하지 않음
- CASCADE : 제거 대상의 제거와 함께 이를 참조하는 다른 데이터 객체에 대해서도 제거 작업이 실시됨

다음 SQL 명령문의 의미로 가장 적절한 것은?

> DROP TABLE 성적 CASCADE;

① 성적 테이블과 이 테이블을 참조하는 다른 테이블도 함께 제거하시오.

② 성적 테이블이 다른 테이블에 의해 참조 중이면 제거하지 마시오.

③ 성적 테이블만 제거하시오.

④ 성적 테이블의 인덱스만 제거하시오.

참고 파트02-챕터02-섹션01

31 | SQL 명령어 – ALTER

데이터 정의 언어(DDL) : 데이터를 입력하기 위한 테이블의 정의나 정보를 참조하기 위한 뷰를 정의하기 위한 언어

CREATE	데이터베이스, 테이블, 뷰 등의 작성
ALTER	데이터베이스, 테이블의 구조 변경
DROP	데이터베이스, 테이블, 뷰 등의 삭제

급여 테이블에 데이터를 입력한 후 시간 외 수당 필드가 누락되어 이를 추가하고자 할 경우에 사용하는 SQL 명령으로 옳은 것은?

① ALTER TABLE   ② ADD TABLE

③ MODIFY TABLE   ④ MAKE TABLE

참고 파트02-챕터02-섹션01

32 | SQL 명령어 – DISTINCT

DISTINCT : 중복되는 데이터 값을 제거하고 검색

다음 SQL 검색문의 의미로 가장 적절한 것은?

> SELECT DISTINCT 학과명 FROM 학생;

① 학생 테이블의 학과명을 모두 검색하라.

② 학생 테이블의 학과명을 중복되지 않게 모두 검색하라.

③ 학생 테이블의 학과명 중에서 중복된 학과명은 모두 검색하라.

④ 학생 테이블을 학과명 구별하지 말고 모두 검색하라.

정답 29 ① 30 ① 31 ① 32 ②

참고 파트02-챕터03-섹션01

33 | 스프레드시트 – 개념

스프레드시트(Spread Sheet) : 컴퓨터를 이용하여 각종 계산 관련 업무를 처리하는 전자계산장을 의미하며 급여 계산, 판매 계획표, 성적 관리, 가계 분석, 재고 관리, 회계 관리 등이 가능

수치 계산과 관련된 업무에서 계산의 어려움과 비효율성을 개선하여 전표의 작성, 처리, 관리를 쉽게 할 수 있도록 한 것은?

① 스프레드시트 ② 데이터베이스
③ 프레젠테이션 ④ 워드프로세서

오답 피하기
• 데이터베이스(DataBase) : 자료 관리를 위한 응용 프로그램으로 재고 관리, 인사 관리, 고객 관리 등이 가능함
• 프레젠테이션(Presentation) : 기업의 제품 소개나 연구 발표, 회의 내용 요약 등 각종 그림이나 도표, 그래프 등을 이용하여 많은 사람에게 효과적으로 의미를 전달할 때 사용되는 응용 프로그램
• 워드프로세서(Wordprocessor) : 문서 작성을 위한 응용 프로그램

참고 파트02-챕터03-섹션01

34 | 스프레드시트 – 기능

• 데이터의 입력과 수치 데이터의 계산 기능 및 데이터가 변경되면 자동으로 재계산하는 기능
• 차트 작성 기능과 문서 작성 기능이 있음
• 입력 데이터를 이용한 데이터 검색, 정렬, 추출, 분석 등의 데이터베이스 관리 기능
• 그림, 클립아트, 지도와 같은 다양한 개체 삽입 기능
• 반복적인 작업을 간단히 처리할 수 있는 매크로 기능

스프레드시트의 기본 기능이 아닌 것은?

① 자료의 계산 기능
② 동영상 처리 기능
③ 차트 작성 기능
④ 그림, 클립아트, 지도 등의 개체 삽입 기능

참고 파트02-챕터03-섹션01

35 | 스프레드시트 – 셀(Cell)

셀(Cell) : 행과 열이 만나서 이루는 사각형으로 여러 개의 셀 중에서 현재 작업 중인 셀을 활성 셀이라고 하며 셀 포인터(Cell Pointer)를 이동하여 활성 셀을 변경함

스프레드시트에서 행과 열이 교차하면서 만들어지는 사각형으로, 데이터가 입력되는 기본 단위를 무엇이라고 하는가?

① 클립보드 ② 필터
③ 슬라이드 ④ 셀

참고 파트02-챕터03-섹션01

36 | 스프레드시트 – 매크로(Macro)

매크로(Macro) : 자주 사용하는 명령, 반복적인 작업 등을 매크로로 기록하여 해당 작업이 필요할 때마다 바로 가기 키나 실행 단추를 눌러 쉽고 빠르게 작업을 수행하는 기능

스프레드시트 작업에서 반복되거나 복잡한 단계를 수행하는 작업을 일괄적으로 자동화시켜 처리하는 방법에 해당하는 것은?

① 필터 ② 검색
③ 정렬 ④ 매크로

오답 피하기
• 필터(Filter) : 사용자가 설정하는 특정 조건을 만족하는 자료만 검색, 추출하는 기능
• 정렬(Sort) : 문자 목록의 데이터를 특정 필드의 크기 순서에 따라 재배열하는 기능

정답 33 ① 34 ② 35 ④ 36 ④

참고 파트02-챕터03-섹션02

37 | 프레젠테이션 - 개념

프레젠테이션(Presentation) : 신제품 발표회, 회사 설명회, 세미나, 연구 발표, 교육 자료 제작 등에서 상대방에게 보다 효과적으로 의사를 전달하고자 할 때 사용하는 프로그램

기업체의 발표회나 각종 회의 등에서 빔 프로젝트 등을 이용하여 제품에 대한 소개나 회의 내용을 요약 정리하여 청중에게 효과적으로 전달하기 위한 도구를 의미하는 것은?

① 데이터베이스　　② 프레젠테이션
③ 스프레드시트　　④ 워드프로세서

참고 파트02-챕터03-섹션02

38 | 프레젠테이션 - 슬라이드(쪽)

슬라이드(쪽) : 프레젠테이션에서 화면 전체를 전환하는 단위, 프레젠테이션을 구성하는 내용을 하나의 화면 단위로 나타낸 것

윈도용 프레젠테이션에서 화면 전체를 전환하는 단위를 의미하는 것은?

① 개체　　　　　② 개요
③ 스크린 팁　　　④ 쪽(슬라이드)

오답 피하기

- 개체(Object) : 프레젠테이션의 한 화면을 구성하는 개개의 요소(그림이나 도형 등)
- 개요 : 시나리오에 의한 프레젠테이션의 줄거리로 전체 슬라이드의 문자열 내용을 의미함
- 스크린 팁(Screen Tip) : 도구 단추에 마우스 포인터를 대면 나타나는 도구 설명(Tool Tip)

3과목　PC 운영체제

참고 파트03-챕터01-섹션01

39 | 운영체제의 개념

- 운영체제(OS) : 컴퓨터의 성능을 효율적으로 운영, 관리, 감독하기 위한 시스템 프로그램
- 운영체제의 성능 평가 요소
  - 처리 능력(Throughput) 향상 : 시스템의 생산성을 가늠하는 단위로 일정 시간 동안 처리하는 일의 양
  - 응답 시간(Turnaround Time) 단축 : 시스템에서 결과가 얻어질 때까지의 시간
  - 사용 가능도(Availability) 증대 : 시스템을 얼마나 빠르게 사용할 수 있는가의 정도
  - 신뢰도(Reliability) 향상 : 주어진 문제를 얼마나 정확하게 처리하는가의 정도

운영체제의 성능 평가에 대한 설명으로 옳지 않은 것은?

① 사용 가능도는 시스템을 얼마나 빨리 사용할 수 있는가의 정도를 나타낸다.
② 처리 능력은 수치가 높을수록 좋다.
③ 응답 시간은 수치가 높을수록 좋다.
④ 신뢰도는 시스템이 주어진 문제를 얼마나 정확하게 해결하는가를 나타내는 척도이다.

오답 피하기

응답 시간(Turnaround Time)은 결과를 얻게 될 때까지 걸리는 시간으로 짧을수록 좋음

정답　37 ②　38 ④　39 ③

참고 파트03-챕터01-섹션01

40 | 운영체제의 구성

- 제어 프로그램 : 감시 프로그램, 작업 관리 프로그램, 데이터 관리 프로그램
- 처리 프로그램 : 언어 번역, 서비스, 문제 처리 프로그램

운영체제를 제어 프로그램(Control Program)과 처리 프로그램(Processing Program)으로 분류했을 때 제어 프로그램에 해당하지 않는 것은?

① 감시 프로그램(Supervisor Program)
② 데이터 관리 프로그램(Data Management Program)
③ 문제 프로그램(Problem Program)
④ 작업 제어 프로그램(Job Control Program)

참고 파트03-챕터01-섹션02

41 | 운영체제의 발전

- 실시간 처리 시스템(Real Time Processing System) : 좌석 예약과 같이 데이터 발생과 동시에 즉시 처리해야 하는 경우의 자료 처리 시스템
- 일괄 처리(Batch Processing) 방식 : 처리할 데이터를 일정 기간 또는 일정량 모았다가 한 번에 처리하는 방식으로 고객 명단 자료를 월 단위로 묶어 처리하는 시스템에 적합함

업무 처리를 실시간 시스템(Real-Time System)으로 처리할 필요가 없는 것은?

① 적의 공중 공격에 대비하여 동시에 여러 지점을 감시하는 시스템
② 가솔린 정련에서 온도가 너무 높이 올라가는 경우 폭발을 방지하기 위해 조치를 취하는 시스템
③ 고객 명단 자료를 월 단위로 묶어 처리하는 시스템
④ 교통 관리, 비행조정 등과 같은 외부 상태에 대한 신속한 제어를 목적으로 하는 시스템

오답 피하기
고객 명단 자료를 월 단위로 묶어 처리 → 일괄 처리 방식

참고 파트03-챕터01-섹션02

42 | 운영체제의 기능 – 페이지 교체 기법

- LRU(Least Recently Used) : 가장 오랫동안 사용되지 않은 페이지를 교체할 페이지로 선택하는 기법
- FIFO(First In First Out) : 주기억 장치 내에 가장 먼저 들어온, 가장 오래된 페이지를 교체할 페이지로 선택하는 기법
- LFU(Least Frequently Used) : 사용된 횟수가 가장 적은 페이지를 교체할 페이지로 선택하는 기법
- 최적화 기법(OPT : OPTimal replacement) : 앞으로 오랫동안 사용되지 않거나 사용도가 낮은 페이지를 선택하여 교체하는 기법

프로세스 스케줄링 방법 중 가장 먼저 CPU를 요청한 프로세스에게 가장 먼저 CPU를 할당하여 실행할 수 있게 하는 방법은?

① FIFO   ② FILO
③ LFU   ④ LRU

참고 파트03-챕터02-섹션02

43 | DOS 명령어 – DIR

DIR(DIRectory)
- 디스크 내의 파일 목록, 파일에 대한 정보, 파일의 수, 파일의 크기, 생성 날짜와 시간, 디스크 정보를 표시해 주는 내부 명령어
- 사용법 : DIR [드라이브:][경로]파일명[/옵션]

옵션	기능
/P(Pause)	한 화면씩 표시
W(Wide)	파일명과 확장자만 한 줄에 5개씩 표시, 화면에 많은 양의 내용이 보임
/O(Order)	정렬 방식대로 표시
/S(Subdirectory)	지정한 디렉터리와 하위 디렉터리의 파일까지 모두 표시
/A(All)	숨김 파일과 비 숨김 파일들을 모두 표시

- 정렬 옵션

옵션	기능
OD(Date)	날짜순으로 정렬
OE(Extension)	확장자의 알파벳순으로 정렬
ON(Name)	이름순으로 정렬
OS(Size)	크기순으로 정렬

도스(MS-DOS)에서 파일의 이름을 알파벳 순으로 표시하는 명령어는?

① DIR/ON   ② DIR/OS
③ DIR/OA   ④ DIR/OD

정답 40 ③   41 ③   42 ①   43 ①

참고 파트03-챕터02-섹션02

44 | DOS 명령어 – FDISK

FDISK : 하드 디스크 파티션의 논리적 분할과 삭제 작업을 수행. 하드 디스크에만 사용이 가능하고 플로피 디스크에는 적용되지 않는 명령어

도스(MS-DOS)에서 하드 디스크를 논리적으로 여러 개의 디스크로 나누어 각 볼륨이 서로 다른 드라이브 문자를 가진 별개의 드라이브로 동작하도록 사용하는 명령어는?

① FDISK   ② CHKDSK

③ VOL   ④ XCOPY

오답 피하기

• CHKDSK : 디스크의 상태를 점검하고 손상된 부분을 복구
• VOL : 드라이브의 볼륨명과 일련 번호 표시
• XCOPY : 많은 파일을 빠르게 복사하고 하위 디렉터리 내의 파일 및 디렉터리 구조까지 복사

참고 파트03-챕터02-섹션02

45 | DOS 명령어 – ATTRIB

ATTRIB
• 파일의 속성을 지정 및 해제하는 명령어
• 사용법 : ATTRIB [+속성/−속성][드라이브:][경로]파일명[/옵션]
• + : 속성 설정, − : 속성 해제

옵션	기능
R(Read Only)	읽기 전용 속성
A(Archive)	저장 기능 속성
S(System)	시스템 파일 속성
H(Hidden)	숨김 속성

도스(MS-DOS)에서 특정 파일의 감추기 속성, 읽기 속성을 지정할 수 있는 명령은?

① MORE   ② FDISK

③ ATTRIB   ④ DEFRAG

오답 피하기

• MORE : 한 화면 단위의 내용 출력으로 파이프(|) 기호와 함께 사용
• FDISK : 논리적 드라이브 번호를 할당하는 명령어
• DEFRAG : 단편화 현상을 제거하는 명령어

참고 파트03-챕터03-섹션01

46 | Windows의 기능

Plug & Play(PnP) : 새로운 하드웨어 설치 및 설정을 자동으로 처리

Windows에서 Plug & Play란?

① 컴퓨터에 전원을 켜자마자 바로 시작되는 것
② 운영체제가 주변 기기를 자동 인식하는 것
③ 전원을 끈 상태에서도 컴퓨터가 작동되는 것
④ 전원을 그냥 꺼도 운영체제가 모든 응용 프로그램의 마무리 작업을 수행하는 것

참고 파트03-챕터03-섹션01

47 | 바로 가기 키

바로 가기 키	기능
Ctrl + A	모두 선택
Ctrl + Shift + Delete	프로그램을 강제로 종료하거나 시스템을 종료시킬 수 있음
Shift + Delete	휴지통을 사용하지 않고 완전 삭제
Alt + F4	실행 중인 현재 창 종료
Alt + Tab	실행 중인 프로그램 간의 작업 전환

Windows에서 파일 삭제 시 휴지통 폴더로 이동하지 않고 복원이 불가능한 삭제에 사용되는 키 입력은?

① Alt + Delete   ② Shift + Delete

③ Ctrl + Delete   ④ Tab + Delete

정답 44 ① 45 ③ 46 ② 47 ②

참고 파트03-챕터03-섹션02

48 | 제어판 및 보조 프로그램

- 메모장 : Windows에서 제공하는 가장 기본적인 문서 편집기, Windows에서는 파일의 크기가 64KB 미만의 문서만 작성 가능하며 서식 설정이 필요 없는 텍스트(Text) 파일을 편집(단, 윈도 XP에서부터 64KB 이상도 가능)
- 메모장의 확장자 : * .TXT

Windows의 메모장을 이용하여 문서를 작성하고 저장했을 때의 기본적인 파일 확장자명으로 옳은 것은?

① hwp   ② txt
③ doc   ④ bmp

오답 피하기
- *.hwp : 한글 워드프로세서의 확장자
- *.doc : MS-WORD의 확장자
- *.bmp : 그림판의 확장자

참고 파트03-챕터03-섹션03

49 | 파일 및 폴더 관리

- 비연속적인 여러 개의 파일 선택 : Ctrl
- 연속적인 여러 개의 파일 선택 : Shift

Windows의 탐색기에서 비연속적인 여러 개의 파일을 선택하는 방법은?

① Ctrl 을 누른 상태에서 선택하려는 파일들을 왼쪽 마우스 버튼을 클릭하여 선택한다.
② Shift 를 누른 상태에서 선택하려는 파일들을 왼쪽 마우스 버튼을 클릭하여 선택한다.
③ Alt 를 누른 상태에서 선택하려는 파일들을 오른쪽 마우스 버튼을 클릭하여 선택한다.
④ Shift 를 누른 상태에서 선택하려는 파일들을 오른쪽 마우스 버튼을 클릭하여 선택한다.

참고 파트03-챕터03-섹션03

50 | 휴지통

- 삭제한 파일 및 폴더를 임시로 보관하는 장소
- 필요시 삭제 이전의 상태로 복원이 가능함
- 각각의 드라이브마다 휴지통의 설정이 가능함
- 휴지통의 크기는 변경이 가능함
- 파일 삭제 시 휴지통에 보관하지 않고 즉시 삭제할지 설정할 수 있음
- 파일 삭제 시 삭제 확인 메시지를 보이지 않도록 설정할 수 있음

Windows에서 지워진 파일이 임시로 보관되는 곳은?

① 휴지통   ② 내 문서
③ 내 컴퓨터   ④ 내 서류가방

오답 피하기
- 내 문서(My Documents) : 문서 파일이 기본적으로 저장되는 특수한 폴더
- 내 컴퓨터 : 컴퓨터 시스템을 구성하고 있는 장치 및 각종 드라이브와 폴더 구조를 표시
- 내 서류 가방 : 서로 다른 두 대의 컴퓨터 또는 여러 저장 장소에서 문서를 동기화시키는 폴더

참고 파트03-챕터04-섹션01

51 | UNIX의 특징

시분할 온라인 대화식 시스템, C 언어 기반으로 제작된 운영체제, 확장성과 이식성이 우수함

UNIX 시스템에서 주로 사용한 프로그래밍 언어는?

① Pascal   ② Fortran
③ C   ④ Basic

오답 피하기
- Pascal : 교육용 언어이며 재귀적 알고리즘 표현이 용이하고 구조화 프로그래밍이 가능한 언어
- Fortran : 과학, 공학 분야에서 수학적 문제들을 해결하기 위한 과학 계산용 수치 언어
- Basic : 대화형 언어이며 다목적 언어로 인터프리터에 의해 번역

정답 48 ② 49 ① 50 ① 51 ③

참고 파트03-챕터04-섹션01

52 | UNIX의 구성 – Kernel

커널(Kernel) : UNIX 운영체제의 가장 핵심적인 부분으로 항상 주기억 장치에 상주하며 시스템의 자원 관리, 프로세스 관리, 입출력 관리, 파일 관리, 메모리 관리, 시스템 호출, 프로세스 간 통신 관리 등을 수행

UNIX에서 태스크 스케줄링(Task–scheduling) 및 기억 장치 관리(Memory Management) 등의 일을 수행하는 부분은?

① Kernel
② Shell
③ Utility Program
④ Application Program

오답 피하기
• 셸(Shell) : 사용자와 UNIX 간의 인터페이스 역할, Shell 프로그램 언어를 제공하는 명령어 해석기
• 유틸리티(Utility Program) : DOS의 외부 명령어에 해당, 사용자 편리를 위해 준비된 시스템 프로그램, UNIX 시스템을 효과적으로 사용할 수 있도록 도와주는 응용 프로그램

참고 파트03-챕터04-섹션02

53 | UNIX의 명령어

ls : 지정한 디렉터리의 파일을 보여주는 명령으로 DOS의 DIR과 같음

디렉터리 내의 파일을 열거하는 데 사용되는 UNIX 명령어는?

① cd
② ls
③ tar
④ pwd

오답 피하기
• cd : 디렉터리 경로 변경
• tar : 파일과 디렉터리를 하나로 묶음(보조 기억 장치에 데이터를 압축 저장)
• pwd : 현재 디렉터리의 경로를 표시

참고 파트03-챕터05-섹션01

54 | Linux의 특징

대화식 시분할 운영체제로 대부분 C 언어로 작성되며, Multi–tasking, Multi–user 시스템

다음 중 Linux에 대한 설명으로 옳지 않은 것은?

① 대화식 시분할 운영체제이다.
② 대부분 C 언어으로 작성되어 있다.
③ 두 사람 이상의 사용자가 동시에 시스템을 사용할 수 있다.
④ 동시에 여러 작업을 수행하는 다중 작업(Multi–Tasking)을 지원하지 않는다.

오답 피하기
동시에 여러 작업이 가능한 멀티태스킹(Multi–Tasking)을 지원함

정답 52 ① 53 ② 54 ④

참고 파트03-챕터05-섹션02

55 | Linux의 명령어

파일 관련 명령어

명령어	기능
ls	파일 목록 표시
cp	파일이나 디렉터리 복사(디렉터리 복사 옵션 : -r)
rm	• 파일이나 디렉터리 삭제 • 디렉터리 삭제 시 옵션 : -r • 삭제 여부 확인 없이 바로 삭제 시 옵션 : -f
mv	파일이나 디렉터리 이동 또는 이름 변경
file	파일의 종류 및 속성값 표시
locate	파일의 위치를 검색
find	조건으로 파일을 검색하여 경로를 표시
touch	• 파일의 용량이 0Byte인 빈 파일을 생성(파일이나 디렉터리가 존재하지 않을 때) • 파일의 최근 사용 및 수정 시간 등의 타임 스탬프를 변경
cat	파일의 내용을 출력
head	출력을 원하는 용량(-c)이나 줄 수(-숫자 또는 -n 숫자, 미지정 시 기본 10개씩 출력)만큼 파일의 앞부분을 출력함
tail	• 출력을 원하는 용량(-c)이나 줄 수(-숫자 또는 -n 숫자, 미지정 시 기본 10개씩 출력)만큼 파일의 뒷부분을 출력함 • -F 옵션 : 화면에 파일 내용을 계속 표시하며 내용 변경 시 변경된 내용을 업데이트함
more	화면 단위로 파일의 내용을 출력함
less	한 번에 한 화면씩 내용을 출력함

다음 중 파일이나 디렉터리를 삭제할 때 사용하는 명령은?

① ls　　　　　　② cp
③ rm　　　　　　④ mv

오답 피하기
• ls : 파일 목록 표시
• cp : 파일이나 디렉터리 복사
• mv : 파일이나 디렉터리 이동 또는 이름 변경

참고 파트03-챕터05-섹션03

56 | Linux의 파일 처리 및 조작

i-node : 파일 소유자의 식별 번호 및 그룹 번호, 데이터 블록 주소, 파일 크기, 파일 형태(Type), 파일이 만들어진 시간, 파일이 가장 최근에 사용된 시간, 파일이 변경된 가장 최근의 시간, 파일 링크 수 등

Linux에서 파일에 대한 정보를 가지고 있는 i-node의 내용으로 볼 수 없는 것은?

① 파일의 크기
② 최종 수정 시간
③ 소유자
④ 파일 경로명

참고 파트03-챕터06-섹션01

57 | 전산 영어

• 두 개 또는 그 이상의 프로세스들이 다른 프로그램에 의해 사용되고 있는 장치를 기다리기 때문에 처리가 진행되지 않는 상태를 데드락(Deadlock)이라고 함
• 멀티 프로그래밍에서 다른 프로그램에 의해 사용 중인 디바이스를 한 프로그램이 사용하려고 하기 때문에 사용할 수 없는 자원을 무한정 기다리는 상태 → 교착 상태(Deadlock)

Which one does below sentence describe?

It is situation of infinite waiting of unusable resources, Because one program is going to use the device in use by other program at multiprogramming.

① Paging　　　　② Buffering
③ Deadlock　　　④ Overlay

정답 55 ③ 56 ④ 57 ③

참고 파트04-챕터01-섹션02

58 | 정보 통신 시스템의 구성

- 데이터 처리계 : 데이터를 처리하는 컴퓨터를 의미하며 중앙 처리 장치(CPU)와 주변 장치로 구성됨
- 데이터 전송계 : 데이터의 입출력 및 송신을 담당하는 장치로 단말 장치, 데이터 전송 회선, 통신 제어 장치로 구성됨

정보 통신 시스템의 구성 요소 중 데이터 전송계에 해당되지 않는 것은?

① 모뎀 장치　　　② 데이터 전송 회선

③ 중앙 처리 장치　④ 통신 제어 장치

오답 피하기

모뎀(변복조기 : MODEM) : 변조(Modulation)와 복조(DEModulation)의 합성어로 변조는 디지털 신호를 아날로그 신호로 변환하는 과정, 복조는 아날로그 신호를 디지털 신호로 변환하는 과정을 의미

참고 파트04-챕터02-섹션01

59 | 정보 전송 선로 – 위성

정지형 통신 위성의 위치 : 지구 적도 상공 약 36,000[km]

다음 중 무궁화 위성과 같은 정지형 통신 위성의 위치로 적합한 것은?

① 지상 약 15,000[km] 상공

② 지구 북회귀선상 약 25,000[km] 상공

③ 지구 적도 상공 약 36,000[km]

④ 지구 극점 상공 약 45,000[km]

참고 파트04-챕터02-섹션01

60 | 정보 전송 선로 – 광섬유 케이블

- 규소(SiO₂)를 주재료로 하며 빛의 반사 현상을 이용
- 온도 변화에 안정적이며 신뢰성이 높고 에러 발생률이 가장 적음
- 전력 유도나 전자 유도에 영향을 받지 않으므로 잡음이나 누화가 거의 없고 신호 감쇠 현상이 적음
- 광대역 전송, 작은 크기와 무게, 적은 감쇠도, 보다 넓은 리피터 간격과 같은 전송 특징이 있음
- 빛을 이용하여 전송하므로 보안성이 뛰어남
- 설치 시에 휘거나 꺾기가 어려워 접속과 연결이 용이하지 않음

광섬유 케이블(Optical Fiber Cable)의 일반적인 특징으로 옳지 않은 것은?

① 빛을 사용함으로써 전기적인 간섭이 없다.

② 높은 전송 속도와 대역폭을 갖는다.

③ 동축 케이블보다 전송 신호의 손실이 적다.

④ 설치 시에 접속과 연결이 매우 용이하다.

참고 파트04-챕터02-섹션02

61 | 정보 전송 회선의 종류와 특성

단방향 통신 (Simplex)	한쪽 방향으로만 정보 전송이 가능 (예) TV, 라디오)
반이중 통신 (Half Duplex)	양쪽 방향 통신이 가능하지만 동시에는 불가능한 형태 (예) 무전기)
전이중 통신 (Full Duplex)	양쪽 방향으로 동시에 정보의 전송이 가능한 경우 (예) 전화)

정보 통신 신호의 전송이 양쪽에서 가능하나, 동시 전송은 불가능하고 한쪽 방향으로만 전송이 교대로 이루어지는 통신 방식은?

① 반송 주파수 통신 방식

② 반이중 통신 방식

③ 단방향 통신 방식

④ 전이중 통신 방식

정답 58 ③ 59 ③ 60 ④ 61 ②

참고 파트04-챕터02-섹션03

62 | 통신 속도와 통신 용량

- 4비트(Quad bit)가 한 신호 단위인 경우 2,400 × 4 = 9,600
- 트리비트(Tribit)인 경우 Bps = Baud × 3 = 1,600 × 3 = 4,800

변조 속도가 2,400[Baud]이고 쿼드비트(Quadbit)를 사용하는 경우 전송 속도는 몇 [bps]인가?

① 1,600　　　　　② 2,400

③ 4,800　　　　　④ 9,600

참고 파트04-챕터03-섹션02

63 | 정보 신호 변환 방식

- 주파수 변조(FM; Frequency Modulation) : 반송파의 주파수를 변조
- 진폭 변조(AM; Amplitude Modulation) : 반송파의 진폭을 변조
- 위상 변조(PM; Phase Modulation) : 반송파의 위상을 변조
- PCM(Pulse Code Modulation) : 아날로그 신호를 디지털 펄스로 변환하여 전송하고 수신측에서 이를 다시 본래의 아날로그 신호로 환원시키는 방식

반송파 신호(Carrier Signal)의 피크-투-피크(Peak-to-Peak) 전압이 변하는 아날로그 변조 방식은?

① AM(Amplitude Modulation)

② FM(Frequency Modulation)

③ PM(Phase Modulation)

④ PCM(Pulse Code Modulation)

참고 파트04-챕터03-섹션03

64 | 전송 에러 제어 방식

ARQ(Automatic Repeat reQuest, 자동 재전송 방식)의 종류
정자-대기 ARQ(Stop & Wait ARQ), 연속적 ARQ(Go-Back-N ARQ), 선택적 ARQ(Selective ARQ), 적응적(Adaptive) ARQ

에러 검출 후 재전송(ARQ) 에러 제어 방식에 속하지 않는 것은?

① Stop-and-Wait　　② Go-Back-N

③ 선택적 재전송　　　④ 전진 에러 수정(FEC)

오답 피하기

전진 에러 수정 방식(FEC : Forward Error Correction) : ARQ 방식처럼 에러 검출 후 재전송이 이루어지지 않고 수정되는 방식으로 해밍 코드(Hamming Code)가 이에 해당됨

참고 파트04-챕터04-섹션01

65 | 정보 단말 설비

- 2번 핀 : 송신 데이터
- 3번 핀 : 수신 데이터
- 4번 핀 : 송신 요구
- 5번 핀 : 송신 준비 완료

다음 중 DTE와 접속 규격의 25핀 커넥터에서 데이터의 송수신에 관계되는 핀 단자 번호는?

① 8번과 12번　　　② 2번과 3번

③ 5번과 7번　　　　④ 1번과 25번

참고 파트04-챕터04-섹션02

66 | 정보 교환 설비 – DSU

DSU(Digital Service Unit) : 디지털 서비스 유닛 장치라 하며 디지털 방식으로 전송하는 장비, 디지털 신호를 변조하지 않고 디지털 전송로를 이용하여 고속 전송하는 장치

다음 중 데이터 단말 장치와 디지털 통신 회선 사이에 있는 DCE로 적합한 것은?

① 통신 제어 장치　　② 멀티플렉서

③ MODEM　　　　　④ DSU

오답 피하기

- 통신 제어 장치(Communication Control Unit) : 데이터 전송 회선과 컴퓨터 사이를 연결하고 통신 회선과 중앙 처리 장치를 결합하여 데이터의 처리를 제어
- 멀티플렉서(Multiplexer) : 2n개의 입력을 받아들여 하나의 출력선으로 정보를 출력하는 논리 회로
- 모뎀(변복조기 : MODEM) : 변조(Modulation)와 복조(DEModulation)의 합성어로 변조는 디지털 신호를 아날로그 신호로 변환하는 과정, 복조는 아날로그 신호를 디지털 신호로 변환하는 과정을 의미

정답　62 ④　63 ①　64 ④　65 ②　66 ④

67 | OSI 참조 모델

- 네트워크 계층(Network Layer) : 제3계층
  - 응용 프로세스가 존재하는 시스템 간 데이터의 교환 기능
  - 복수 망인 경우 중계 시스템에 대한 경로 선택 및중계 기능을 제공
  - 데이터그램 또는 가상 회선 개설
- 데이터 링크 계층(Data Link Layer) : 제2계층
  - 이웃한 통신 기기 사이의 연결 및 데이터 전송 기능과 관리를 규정
  - 동기화, 오류 제어, 흐름 제어 등의 기능을 사용
  - 데이터 블록을 인접 노드 간에 오류 없이 전송
  - 정보의 프레임화 및 순서 제어, 전송 확인, 오류 검출 및 복구, 흐름 제어, 데이터 링크의 접속과 단절 등

OSI 7계층 참조 모델에서 인접 개방형 시스템 간의 데이터 전송, 에러 검출, 오류 회복 등을 취급하는 계층은?

① 물리적 계층　　② 데이터 링크 계층
③ 응용 계층　　④ 세션 계층

오답 피하기

하위층	1계층	물리 계층	매체 접근에 따른 기계적, 전기적, 물리적 절차를 규정
	2계층	데이터 링크 계층	인접 개방형 시스템 간의 정보 전송 및 오류 제어
	3계층	네트워크 계층	정보 교환, 중계 기능, 경로 선정, 유통 제어 등
	4계층	전송 계층	송수신 시스템 간의 논리적 안정 및 균등한 서비스 제공
상위층	5계층	세션 계층	응용 프로세스 간의 연결 접속 및 동기 제어 기능
	6계층	표현 계층	정보의 형식 설정 및 부호 교환, 암호화, 해독, 압축 등
	7계층	응용 계층	응용 프로세스 간의 정보 교환 및 전자 사서함, 파일 전송 등

68 | 정보 통신망의 기본 구성

망형 통신 회선의 링크 수 : n(n-1)/2

30개의 교환국을 망형으로 상호 결선하려면 국간 필요한 통신 회선 수는?

① 225　　② 240
③ 435　　④ 450

69 | 정보 통신 교환망의 분류

정보 통신 교환망 : 회선 교환망, 메시지 교환망, 패킷 교환망

정보 통신 교환망에 해당하지 않는 것은?

① 회선 교환망　　② 메시지 교환망
③ 패킷 교환망　　④ 방송 통신 교환망

70 | IPv6

- IPv4의 주소 고갈 문제를 해결하기 위하여 기존의 IPv4 주소 체계를 128비트 크기로 확장한 차세대 인터넷 프로토콜 주소
- 일반적으로 16비트 단위로 나누어지며, 각 16비트 블록은 다시 4자리 16진수로 변환되고, 콜론으로 구분함

IPv6(Internet Protocol version 6)의 주소는 몇 비트인가?

① 16비트
② 128비트
③ 64비트
④ 32비트

정답 67 ② 68 ③ 69 ④ 70 ②

[참고] 파트01-챕터05-섹션02

01 다음이 설명하고 있는 데이터 입출력 방식은?

> • 데이터의 입출력 전송이 CPU를 통하지 않고, 입출력 장치와 기억 장치 간에 직접 데이터를 주고받는다.
> • CPU와 주변 장치 간의 속도 차를 줄일 수 있다.

① DCA
② DMA
③ Multiplexer
④ Channel

[참고] 파트01-챕터06-섹션01

02 컴퓨터 시스템의 중앙 처리 장치를 구성하는 하나의 회로로써 산술 및 논리 연산을 수행하는 장치는?

① Arithmetic Logic Unit
② Memory Unit
③ I/O Unit
④ Associative Memory Unit

[참고] 파트01-챕터06-섹션01

03 제어 논리 장치(CLU)와 산술 논리 연산 장치(ALU)의 실행 순서를 제어하기 위해 사용되는 레지스터는?

① 누산기(Accumulator)
② 프로그램 상태 워드(Program Status Word)
③ 명령 레지스터(Instruction Register)
④ 플래그 레지스터(Flag Register)

[참고] 파트01-챕터04-섹션02

04 번지(Address)로 지정된 저장 위치(Storage Location)의 내용이 실제 번지가 되는 주소 지정 번지는?

① 간접 지정 방식
② 완전 지정 방식
③ 절대 지정 방식
④ 상대 지정 방식

[참고] 파트01-챕터02-섹션04

05 JK 플립플롭(Flip-Flop)에서 보수가 출력되기 위한 J, K의 입력 상태는?

① J=1, K=0
② J=0, K=1
③ J=1, K=1
④ J=0, K=0

[참고] 파트01-챕터03-섹션01

06 2진수 (10001010)를 2의 보수로 옳게 표현한 것은?

① 01110101
② 01110110
③ 10001011
④ 10000110

[참고] 파트01-챕터04-섹션03

07 하나의 명령어를 중앙 처리 장치에서 처리하는 데 포함된 일련의 동작들을 총칭하여 명령어 주기 (Instruction Cycle)라 하는데, 명령어 주기에 속하지 않는 것은?

① Branch Cycle
② Fetch Cycle
③ Indirect Cycle
④ Interrupt Cycle

[참고] 파트01-챕터01-섹션01

08 주기억 장치, 제어 장치, 연산 장치 사이에서 정보가 이동되는 경로이다. 빈 부분에 알맞은 장치는?

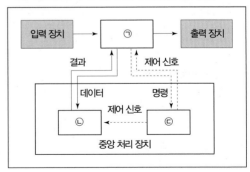

① ㉠ 제어 장치 ㉡ 주기억 장치 ㉢ 연산 장치
② ㉠ 주기억 장치 ㉡ 연산 장치 ㉢ 제어 장치
③ ㉠ 주기억 장치 ㉡ 제어 장치 ㉢ 연산 장치
④ ㉠ 제어 장치 ㉡ 연산 장치 ㉢ 주기억 장치

참고 파트01-챕터04-섹션01

09 연산을 자료의 성격에 따라 나눌 때, 논리적 연산에 해당하지 않는 것은?

① ROTATE
② AND
③ MULTIPLY
④ COMPLEMENT

참고 파트01-챕터02-섹션02

10 진리표가 다음 표와 같이 되는 논리 회로는?

입력 A	입력 B	출력 F
0	0	1
0	1	1
1	0	1
1	1	0

① AND 게이트
② OR 게이트
③ NOR 게이트
④ NAND 게이트

참고 파트01-챕터02-섹션01

11 $A \cdot (A \cdot B + C)$를 간략화하면?

① A
② B
③ C
④ $A \cdot (B+C)$

참고 파트01-챕터05-섹션02

12 채널은 어떤 장치에서 명령을 받는가?

① 기억 장치
② 출력 장치
③ 입력 장치
④ 제어 장치

참고 파트01-챕터02-섹션03

13 여러 개의 입력 정보(2^n) 중에서 하나를 선택하여 한 곳으로 출력시키는 조합 논리 회로는?

① 반가산기
② 멀티플렉서
③ 디멀티플렉서
④ 인코더

참고 파트01-챕터04-섹션01

14 연산자의 기능과 거리가 먼 것은?

① 주소 지정 기능
② 제어 기능
③ 함수 연산 기능
④ 입출력 기능

참고 파트01-챕터02-섹션02

15 다음과 같은 논리 회로에서 A=1, B=1, C=0일 때, X 로 출력되는 값은?

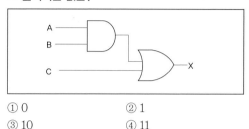

① 0
② 1
③ 10
④ 11

참고 파트03-챕터01-섹션01

16 프로그램들이 기억 장치 내의 임의의 장소에 적재될 수 있도록 조정하는 작업을 재배치(Relocation)라 하는데 이 기능을 수행하는 재배치 로더(Loader)의 역할이 아닌 것은?

① 기억 장소 할당
② 목적 프로그램의 기호적 호출 연결
③ 원시 프로그램을 읽어서 명령어를 해석
④ 기계어 명령들을 기억 장치에 적재

참고 파트01-챕터06-섹션01

17 연산 장치에서 연산 결과에 대한 부호를 저장하는 것은?

① 가산기
② 기억 레지스터
③ 상태 레지스터
④ 보수기

참고 파트01-챕터03-섹션02

18 EBCDIC 코드의 존(Zone) 코드는 몇 비트로 구성되어 있는가?

① 3
② 4
③ 5
④ 6

참고 파트01-챕터01-섹션03

19 입력 장치로만 나열된 것은?

① 키보드, OCR, OMR, 라인 프린터
② 키보드, OCR, OMR, 플로터
③ 키보드, 라인 프린터, OMR, 플로터
④ 키보드, OCR, OMR, MICR

참고 파트01-챕터03-섹션02

20 8비트 컴퓨터에서 10진수 −13을 부호화 절대치 방식으로 표현한 것은?

① 10001101 　　② 10001110
③ 11111110 　　④ 01111101

참고 파트02-챕터03-섹션01

21 스프레드시트 작업에서 반복되거나 복잡한 단계를 수행하는 작업을 일괄적으로 자동화시켜 처리하는 방법에 해당하는 것은?

① 매크로 　　　② 정렬
③ 검색 　　　　④ 필터

참고 파트02-챕터03-섹션01

22 스프레드시트의 입력된 자료에서 사용자가 원하는 레코드만을 선택하여 표시하는 기능은?

① 필터 　　　　② 슬라이드
③ 셀 　　　　　④ 개요

참고 파트02-챕터01-섹션02

23 도메인에 대한 설명으로 가장 적합한 것은?

① 릴레이션을 표현하는 기본 단위
② 튜플들의 관계를 표현하는 범위
③ 튜플들의 구분할 수 있는 범위
④ 표현되는 속성 값의 범위

참고 파트02-챕터02-섹션01

24 SQL에서 테이블의 price를 기준으로 오름차순 정렬하고자 할 경우 사용되는 명령은?

① SORT BY price ASC
② SORT BY price DESCM
③ ORDER BY price ASC
④ ORDER BY price DESC

참고 파트02-챕터02-섹션01

25 SQL의 테이블 구조에서 정의, 변경, 제거하는 명령을 순서대로 옳게 나열한 것은?

① CREATE, MODIFY, DELETE
② MAKE, MODIFY, DELETE
③ MAKE, ALTER, DROP
④ CREATE, ALTER, DROP

참고 파트02-챕터03-섹션02

26 프레젠테이션에서 사용하는 하나의 화면은?

① 슬라이드 　　② 매크로
③ 개체 　　　　④ 셀

참고 파트02-챕터01-섹션02

27 데이터베이스 관리 시스템(DBMS : Databases Management System)의 주요 기능에 속하지 않는 것은?

① 관리 기능 　　② 정의 기능
③ 조작 기능 　　④ 제어 기능

참고 파트02-챕터01-섹션02

28 관계 데이터베이스에서 속성(Attribute)의 수를 의미하는 것은?

① 카디널리티(Cardinality)
② 도메인(Domain)
③ 차수(Degree)
④ 릴레이션(Relation)

참고 파트02-챕터02-섹션01

29 SQL 명령어 중 데이터 정의문(DDL)에 해당하는 것은?

① UPDATE   ② CREATE
③ SELECT   ④ DELETE

참고 파트02-챕터01-섹션02

30 DBMS에 대한 설명으로 틀린 것은?

① 데이터 보안성 보장
② 데이터 공유
③ 데이터 중복성 최대화
④ 데이터 무결성 유지

참고 파트03-챕터03-섹션05

31 스풀링과 버퍼링에 대한 설명으로 틀린 것은?

① 버퍼링은 송신자와 수신자의 속도 차이를 해결하기 위하여 사용한다.
② 버퍼링은 주기억 장치의 일부를 버퍼로 사용한다.
③ 스풀링은 저속의 입출력 장치와 고속의 CPU 간의 속도 차이를 해소하기 위한 방법이다.
④ 버퍼링은 서로 다른 여러 작업에 대한 입출력과 계산을 동시에 수행한다.

참고 파트03-챕터02-섹션03

32 도스(MS-DOS)에서 "Config.sys" 파일과 "Auto-exec.bat" 파일의 수행을 사용자가 선택하여 실행하려고 하는 경우 사용하는 기능키(Function Key)는?

① F4   ② F5
③ F7   ④ F8

참고 파트03-챕터04-섹션02

33 다음 UNIX 명령어에 대한 기능으로 옳은 것은?

vi, ed, emacs

① 컴파일   ② 로더
③ 통신 지원   ④ 문서 편집

참고 파트03-챕터01-섹션03

34 CPU 스케줄링 방법 중 우선순위에 의한 방법의 단점은 무한 정지(Indefinite Blocking)와 기아(Starvation) 현상이다. 이 단점을 해결하는 방안으로 가장 적합한 것은?

① 순환 할당   ② 다단계 큐 방식
③ 에이징(Aging) 방식   ④ 최소 작업 우선

참고 파트03-챕터06-섹션01

35 다음 문장의 ( )에 알맞은 용어는?

A(n) ( ) is a situation where a group of processes are permanently blocked as a result of each process having acquired a subset of the resources needed for its completion and waiting for release of the remaining resources held by others in the same group–thus making it impossible for any of the processes to proceed.

① Processing   ② Deadlock
③ Operating System   ④ System Call

참고 파트03-챕터01-섹션03

36 비선점(Non-preemptive) 프로세스 스케줄링 방식에 해당하는 것은?

① SJF, SRT
② SJF, FIFO
③ Round-Robin, SRT
④ Round-Robin, SJF

참고 파트03-챕터03-섹션01

37 윈도우즈 OS의 바로가기 아이콘에 대한 설명으로 옳지 않은 것은?

① 바로 가기 아이콘을 삭제하면 원본 데이터도 삭제된다.
② 바로 가기 아이콘을 만들 때 .lnk 확장자를 가진 아이콘이 생성된다.
③ 바로 가기 아이콘은 원본 데이터의 주소를 기억한다.
④ 일반 아이콘과는 달리 아이콘 왼쪽 하단에 작은 화살표가 표시된다.

참고 파트03-챕터01-섹션03

38 다중 프로그래밍 환경에서 CPU가 주기억 장치 내부 프로그램을 실행하는 데 걸리는 시간보다 페이지 부재에 따른 페이지 대체에 많은 시간을 보내게 됨으로써 전체 컴퓨터 시스템의 성능이 급격히 저하되는 현상은?

① Workload
② Locality
③ Thrashing
④ Collision

참고 파트03-챕터02-섹션01

39 도스(MS-DOS)의 시스템 파일 중 감춤(Hidden) 속성의 파일로만 짝지어진 것은?

① COMMAND.COM, IO.SYS
② COMMAND.COM, MSDOS.SYS
③ COMMAND.COM, MSDOS.SYS, IO.SYS
④ MSDOS.SYS, IO.SYS

참고 파트03-챕터03-섹션01

40 윈도우즈 운영체제에서 Plug & Play란?

① 컴퓨터에 전원을 켜자마자 바로 시작되는 것
② 운영체제가 주변 기기를 자동 인식하는 것
③ 전원을 그냥 꺼도 운영체제가 모든 응용 프로그램의 마무리 작업을 수행하는 것
④ 전원을 끈 상태에서도 컴퓨터가 작동되는 것

참고 파트03-챕터02-섹션02

41 다음 설명에 해당하는 DOS 명령어는?

> 지정된 디렉터리를 포함한 하위 디렉터리와 모든 파일들을 복사하는 외부 명령어

① COPY
② DISKCOPY
③ XCOPY
④ ZCOPY

참고 파트03-챕터01-섹션03

42 페이지 대체 알고리즘에서 계수기를 두어 가장 오랫동안 참조되지 않은 페이지를 교체할 페이지로 선택하는 것은?

① FIFO
② LRU
③ LFU
④ OPT

참고 파트03-챕터05-섹션03

43 Linux에서 기존 파일 시스템에 새로운 파일 시스템을 서브 디렉터리에 연결할 때 사용하는 명령은?

① mount
② mkfs
③ fsck
④ chmod

참고 파트03-챕터05-섹션02

44 다음 중 빈 파일을 생성하고자 할 때 사용하는 Linux 명령어는?

① file
② locate
③ find
④ touch

참고 파트03-챕터01-섹션01

45 컴퓨터 하드웨어와 사용자를 연결시켜 사용자로 하여금 컴퓨터 시스템을 이용, 응용 프로그램을 수행할 수 있도록 도와주는 필수적인 프로그램은?

① 컴파일러
② 응용 프로그램
③ 문서 편집 프로그램
④ 운영체제

참고 파트03-챕터02-섹션02

46 도스(MS-DOS)에서 특정한 디렉터리 내의 모든 파일 및 하부 디렉터리까지 복사해주는 명령어는?

① COPY
② XCOPY
③ FDISK
④ SORT

참고 파트03-챕터04-섹션01

47 UNIX에서 사용하는 셸(Shell)이 아닌 것은?

① C Shell ② Bourn Shell

③ DOS Shell ④ Korn Shell

참고 파트03-챕터06-섹션01

48 다음 ( ) 안에 알맞은 용어는?

> ( ) are used in environments where a large number of events, mostly external to the computer system, must be accepted and processed in a short time or within certain deadlines.

① Time-sharing Systems

② Real-time Operating Systems

③ Distributed Operating Systems

④ Batch Operating Systems

참고 파트03-챕터01-섹션02

49 윈도우즈 운영체제 환경에서 하나의 컴퓨터가 여러 개의 프로그램을 동시에 작업하는 것을 무엇이라 하는가?

① 멀티프로세서

② 멀티태스킹

③ 멀티프로그래밍

④ 멀티플렉서

참고 파트03-챕터01-섹션01

50 운영체제를 제어 프로그램(Control Program)과 처리 프로그램(Processing Program)으로 분류했을 때, 제어 프로그램에 해당하지 않는 것은?

① 감시 프로그램(Supervisor Program)

② 데이터 관리 프로그램(Data Management Program)

③ 문제 프로그램(Problem Program)

④ 작업 제어 프로그램(Job Control Program)

참고 파트04-챕터01-섹션02

51 원거리에서 일괄 처리를 수행하는 터미널(Terminal)은?

① 인텔리전트 터미널(Intelligent Terminal)

② 리모트 배치 터미널(Remote Batch Terminal)

③ 키 엔트리 터미널(Key Entry Terminal)

④ 논-인텔리전트 터미널(Non-Intelligent Terminal)

참고 파트04-챕터01-섹션02

52 다음 중 통신 제어 장치의 역할과 거리가 먼 것은?

① 통신 회선과 중앙 처리 장치의 결합

② 중앙 처리 장치와 데이터의 송·수신 제어

③ 데이터의 교환 및 축적 제어

④ 회선 접속 및 전송 에러 제어

참고 파트04-챕터02-섹션03

53 데이터 통신에서 사용되는 전송 속도의 기본 단위는?

① erlang ② db

③ km/s ④ bps

참고 파트04-챕터06-섹션01

54 분산된 터미널 또는 여러 컴퓨터가 중앙의 호스트 컴퓨터와 집중 연결되어 있는 정보 통신망의 구성 형태는?

① 루프형 ② 스타형

③ 그물형 ④ 나무형

참고 파트04-챕터02-섹션01

55 광통신 케이블의 전송 방식에 이용되는 빛의 특성은?

① 회절 ② 산란

③ 흡수 ④ 전반사

참고 파트04-챕터05-섹션02

56 FTP는 OSI 7계층 중 어느 계층에 속하는가?

① 데이터 링크 계층
② 네트워크 계층
③ 세션 계층
④ 응용 계층

참고 파트04-챕터06-섹션02

57 다음 중 데이터 통신 교환 방식이 아닌 것은?

① 회선 교환 방식
② 메시지 교환 방식
③ 패킷 교환 방식
④ 선로 교환 방식

참고 파트04-챕터04-섹션02

58 변복조기의 역할과 거리가 먼 것은?

① 통신 신호의 변환기라고 볼 수 있다.
② 디지털 신호를 아날로그 신호로 변환한다.
③ 공중전화 통신망에 적합한 통신 신호로 변환한다.
④ 컴퓨터 신호를 광케이블에 적합한 광신호로 변환한다.

참고 파트04-챕터02-섹션01

59 전화용 동케이블과 비교하여 광케이블의 특성이 아닌 것은?

① 전송 용량이 커서 많은 신호를 전송할 수 있다.
② 케이블 간의 누화가 없다.
③ 주파수에 따른 신호 감쇠 및 전송 지연의 변화가 크다.
④ 통신의 보안성이 우수하다.

참고 파트04-챕터05-섹션01

60 프로토콜의 기본적인 요소가 아닌 것은?

① 구문
② 의미
③ 타이밍
④ 처리

빠른 정답 확인 QR
스마트폰으로 QR을 찍으면 정답표가 오픈됩니다.
기출문제를 편리하게 채점할 수 있습니다.

참고 파트01-챕터05-섹션02

01 CPU를 경유하지 않고 고속의 입출력 장치와 기억 장치가 직접 데이터를 주고받는 방식은?

① DMA(Direct Memory Access)
② 프로그램에 의한 입출력(Programmed I/O)
③ 인터럽트에 의한 입출력(Interrupt Driven I/O)
④ 채널 제어기에 의한 입출력

참고 파트01-챕터05-섹션04

02 순차 처리(Sequential Access)만 가능한 장치는?

① Magnetic Core ② Magnetic Drum
③ Magnetic Disk ④ Magnetic Tape

참고 파트01-챕터03-섹션01

03 16진수 2C를 10진수로 변환한 것으로 옳은 것은?

① 41 ② 42
③ 43 ④ 44

참고 파트01-챕터01-섹션03

04 레지스터 중 Program Counter의 기능을 바르게 설명한 것은?

① 현재 실행 중인 명령어의 내용을 기억한다.
② 주기억 장치의 번지를 기억한다.
③ 다음에 수행할 명령어의 번지를 기억한다.
④ 연산의 결과를 일시적으로 보관한다.

참고 파트01-챕터05-섹션04

05 캐시 메모리(Cache Memory)의 설명으로 옳은 것은?

① 대용량 기억 장치용으로 주로 사용된다.
② 전원이 꺼져도 내용은 그대로 유지된다.
③ 컴퓨터의 주기억 장치로 주로 이용된다.
④ CPU와 주기억 장치 사이의 속도 차이를 해결하기 위한 고속 메모리로 이용된다.

참고 파트01-챕터06-섹션02

06 RISC(Reduced Instruction Set Computer)에 대한 설명으로 틀린 것은?

① 하드웨어나 마이크로 코드 방식으로 구현한다.
② 모든 명령어를 1사이클에 실행한다.
③ 단순한 파이프 라인 구조를 가진다.
④ 명령어와 데이터에 대한 통합 캐시를 이용한다.

참고 파트01-챕터04-섹션02

07 2진수로 부여된 주소 값이 직접 기억 장치의 피연산자가 위치한 곳을 지정하는 주소 지정 방식은?

① 즉시 주소 지정(Immediate Addressing)
② 직접 주소 지정(Direct Addressing)
③ 간접 주소 지정(Indirect Addressing)
④ 인덱스 주소 지정(Index Addressing)

참고 파트01-챕터04-섹션02

08 다음과 같이 현재 번지부에 표현된 값이 실제 데이터가 기억된 번지가 아니고, 그곳에 기억된 내용이 실제의 데이터 번지가 되도록 표시하는 주소 지정 방식은?

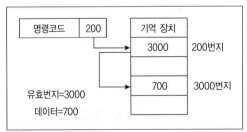

① 직접 주소(Direct Address)
② 간접 주소(Indirect Address)
③ 상대 주소(Relative Address)
④ 묵시 주소(Implied Address)

참고 파트01-챕터02-섹션02

09 주기억 장치에서 기억 장치의 지정은 무엇에 따라 행하여지는가?

① 레코드(Record) ② 블록(Block)
③ 어드레스(Address) ④ 필드(Field)

참고 파트01-챕터05-섹션04

10 다음을 논리식으로 바르게 표현한 것은?

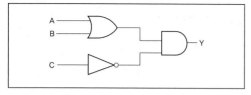

① (A+B)+$\overline{C}$ 　　② (A+B) · $\overline{C}$
③ A+B+C 　　④ A$\overline{C}$+$\overline{C}$+A

참고 파트01-챕터02-섹션03

11 특정 값을 여러 자리인 2진수로 변환하거나 특정 장치로부터 보내오는 신호를 여러 개의 2진 신호로 바꾸어 변환시키는 장치는?

① 인코더(Encoder)
② 디코더(Decoder)
③ 멀티플렉서(Multiplex)
④ 플립플롭(Flip-Flop)

참고 파트01-챕터06-섹션01

12 PC 내의 레지스터 중 연산 결과에 따라 자리올림이나 오버플로가 발생했는지 여부와 외부로부터의 인터럽트 신호까지 나타내는 것은?

① 상태 레지스터 　　② 데이터 레지스터
③ 명령 레지스터 　　④ 인덱스 레지스터

참고 파트01-챕터03-섹션01

13 16진수 4CD를 8진수로 변환하면?

① (2315)₈ 　　② (2325)₈
③ (2335)₈ 　　④ (2336)₈

참고 파트01-챕터06-섹션01

14 중앙 처리 장치와 입출력 장치의 속도 차이를 해결하기 위하여 필요로 하는 것은?

① 버퍼 　　② 모뎀
③ 라우터 　　④ D/A 변환기

참고 파트01-챕터06-섹션02

15 컴퓨터 내에서 실행되는 명령어와 데이터가 이동되는 통로를 일컫는 것은?

① 라인 　　② 버스
③ 체인 　　④ 드라이버

참고 파트01-챕터02-섹션02

16 다음 회로(Circuit)에서 결과가 "1"(불이 켜진 상태)이 되기 위해서는 A와 B는 각각 어떠한 값을 갖는가?

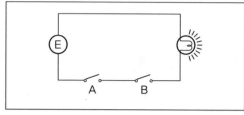

① A = 0, B = 1 　　② A = 0, B = 0
③ A = 1, B = 1 　　④ A = 1, B = 0

참고 파트01-챕터03-섹션01

17 −14를 부호화된 2의 보수로 표현하면?

① 10001110 　　② 11100011
③ 11110010 　　④ 11111001

참고 파트01-챕터02-섹션01

18 불 대수의 정리로 옳지 않은 것은?

① $\overline{A}$ + $\overline{B}$=$\overline{AB}$
② $\overline{A}$ · A = 0
③ A + B · B=A + B
④ A + A = 1

참고 파트01-챕터04-섹션01

19 명령어(Instruction)의 구성을 가장 바르게 표현한 것은?

① 명령 코드부와 번지부로 구성
② 오류 검색 코드 형식
③ 자료의 표현과 주소 지정 방식
④ 주프로그램과 부프로그램

참고 파트01-챕터04-섹션01

20 명령어(Instruction) 설계 시 고려할 사항으로 옳지 않은 것은?

① 컴파일러 기술의 사용
② 메모리 접근 횟수 감소
③ 많은 범용 레지스터의 사용
④ 제한적이고 복잡한 명령어 세트

참고 파트02-챕터02-섹션01

21 SQL 구문 형식으로 옳지 않은 것은?

① SELECT ~ FROM ~ WHERE ~
② DELETE ~ FROM ~ WHERE ~
③ INSERT ~ INTO ~ WHERE ~
④ UPDATE ~ SET ~ WHERE ~

참고 파트02-챕터01-섹션02

22 DBMS의 필수 기능에 해당하지 않는 것은?

① 정의 기능　　　　② 조작 기능
③ 독립 기능　　　　④ 제어 기능

참고 파트02-챕터02-섹션01

23 테이블을 삭제하기 위한 SQL 명령은?

① DROP　　　　　② DELETE
③ CREATE　　　　④ ALTER

참고 파트02-챕터03-섹션01

24 스프레드시트에서 기본 입력 단위는?

① 셀　　　　　　② 툴바
③ 탭　　　　　　④ 블록

참고 파트02-챕터02-섹션01

25 SQL의 데이터 조작문(DML)에 해당하지 않는 것은?

① UPDATE　　　　② DROP
③ INSERT　　　　④ SELECT

참고 파트02-챕터01-섹션02

26 데이터베이스 3단계 스키마의 종류에 해당하지 않는 것은?

① 외부(External) 스키마
② 처리(Process) 스키마
③ 내부(Internal) 스키마
④ 개념(Conceptual) 스키마

참고 파트02-챕터01-섹션02

27 관계형 데이터베이스의 속성 또는 필드에서 나타낼 수 있는 값의 범위를 의미하는 것은?

① 도메인　　　　　② 차수
③ 널(NULL)　　　　④ 튜플

참고 파트02-챕터03-섹션01

28 스프레드시트에서 조건을 부여하는 이에 맞는 자료들만 추출하여 표시하는 것을 무엇이라 하는가?

① 프레젠테이션　　② 필터
③ 매크로　　　　　④ 정렬

참고 파트02-챕터03-섹션02

29 프레젠테이션에서 화면을 전환하는 단위는?

① 셀　　　　　　② 개체
③ 슬라이드　　　　④ 시나리오

참고 파트02-챕터02-섹션01

30 다음 SQL문의 의미로 적합한 것은?

> SELECT * FROM 사원;

① 사원 테이블을 삭제한다.
② 사원 테이블에서 전체 레코드의 모든 필드를 검색한다.
③ 사원 테이블에서 "*" 값이 포함된 모든 필드를 검색한다.
④ 사원 테이블의 모든 필드에 "*" 값을 추가한다.

참고 파트03-챕터02-섹션02

31 도스(MS-DOS)에서 하드 디스크(HDD)의 영역을 논리적으로 설정하고 사용 가능하도록 분할하는 명령어는?

① FDISK
② CHKDSK
③ FORMAT
④ SCANDISK

참고 파트03-챕터04-섹션02

32 UNIX에서 파일의 내용을 화면에 보여 주는 명령은?

① rm
② cat
③ mv
④ type

참고 파트03-챕터04-섹션02

33 UNIX 시스템에서 현재 작업 중인 프로세스의 상태를 알기 위해 사용하는 명령어는?

① cat
② ps
③ ls
④ cp

참고 파트03-챕터03-섹션03

34 Windows에서 [휴지통]에 관한 설명으로 옳은 것은?

① [휴지통]의 크기에 대한 초기 설정은 하드 디스크의 20%이다.
② [휴지통]에 있는 파일들은 디스크의 공간을 차지하지 않는다.
③ [휴지통]에 있는 파일들은 자동으로 삭제된다.
④ Shift 를 누른 상태로 해당 파일을 드래그하여 [휴지통]에 넣으면 파일이 [휴지통]에 보관되지 않고 바로 삭제된다.

참고 파트04-챕터04-섹션01

35 RS-232C 25핀 커넥터 케이블에서 송신 준비 완료 신호(CTS) 핀(Pin) 번호는?

① 4
② 5
③ 6
④ 7

참고 파트03-챕터06-섹션01

36 다음이 설명하고 있는 것은?

> The term often used for starting a computer, especially one that loads its operating software from the disk.

① Bootstrap
② Store
③ Replacing
④ Spooling

참고 파트03-챕터02-섹션01

37 도스(MS-DOS)에서 시스템 부팅 시 반드시 필요한 파일이 아닌 것은?

① IO.SYS
② MSDOS.SYS
③ COMMAND.COM
④ CONFIG.SYS

참고 파트03-챕터06-섹션01

38 다음 (   ) 안의 내용으로 가장 적절한 것은?

> A(n) (   ) is a program that acts an intermediary between a user of computer and the computer hardware.

① GUI
② Compiler
③ File System
④ Operating Systerm

참고 파트03-챕터03-섹션05

39 스풀링(Spooling)에 대한 설명으로 틀린 것은?

① 프로세서와 입출력 장치와의 속도 차이를 해결하여 시스템의 효율을 높이는 방법이다.
② 여러 개의 작업에 대해서 CPU 작업과 입출력 작업으로 분할한다.
③ 출력 시 출력할 데이터를 만날 때마다 주기억 장치로 보내 저장시키는 장치이다.
④ 프로그램 실행과 속도가 느린 입출력을 이원화한다.

참고 파트03-챕터01-섹션01

40 시스템의 성능을 극대화하기 위한 운영체제의 목적으로 틀린 것은?

① 처리 능력 증대
② 사용 가능도 증대
③ 신뢰도 향상
④ 응답 시간 지연

참고 파트03-챕터05-섹션02

41 다음 중 조건으로 파일을 검색할 수 있는 Linux 명령은?

① file
② locate
③ find
④ touch

참고 파트03-챕터02-섹션01

42 시스템 프로그램을 디스크로부터 주기억 장치로 읽어 내어 컴퓨터를 이용할 수 있는 상태로 만들어 주는 과정은?

① 부팅(Booting)
② 스케줄링(Scheduling)
③ 업데이트(Update)
④ 데드락(Deadlock)

참고 파트03-챕터03-섹션01

43 Windows의 바로 가기 아이콘에 대한 특징으로 옳은 것은?

① 바로 가기 아이콘은 자주 사용하는 문서나 프로그램을 빠르게 실행시키기 위한 아이콘으로, 실제 실행 파일과 연결되지는 않는다.
② 바로 가기 아이콘은 단축 아이콘이라고도 하며, 폴더나 파일 등의 개체에 작성할 수 있으나 디스크 드라이브, 다른 컴퓨터, 프린터 등은 작성이 불가능하다.
③ 바로 가기 아이콘의 확장자는 .LNK이며, 컴퓨터에 여러 개 존재해도 상관없다.
④ 바로 가기 아이콘을 삭제하면 원본 파일도 삭제되므로 항상 주의해야 한다.

참고 파트03-챕터03-섹션01

44 Windows에서 작업 표시줄(Task Bar)의 속성에 대한 설명으로 틀린 것은?

① 작업 표시줄 자동 숨기기를 설정하면 화면에 필요시만 나타난다.
② 현재 실행 중인 프로그램은 작업 표시줄에 표시된다.
③ 작업 표시줄 여백에 마우스 포인터를 위치시키고 마우스의 왼쪽 버튼을 눌러 속성을 볼 수 있다.
④ 작업 표시줄 잠금은 작업 표시줄의 영역을 임의로 설정하지 못한다.

참고 파트03-챕터03-섹션01

45 Windows에서 활성화된 창을 클립보드에 복사하는 단축키는? (단, Print Screen 은 프린트 스크린 키이다.)

① Alt + Print Screen
② Shift + Print Screen
③ Ctrl + Print Screen
④ Space Bar + Print Screen

참고 파트03-챕터05-섹션02

46 다음 중 디스크의 사용 가능한 용량을 알고 싶을 때 사용하는 Linux 명령은?

① du
② ls
③ df
④ cp

참고 파트03-챕터03-섹션04

47 기억 장소의 크기가 너무 작아서 이용할 수 없는 부분으로 남아 있는 상태는?

① Compaction
② Fragmentation
③ Garbage Collection
④ Replacement

참고 파트03-챕터02-섹션02

48 도스(MS-DOS)에서 사용자가 파일을 잘못해서 정보를 삭제하였을 때, 이를 복원하는 명령어는?

① DELETE
② UNDELETE
③ BACKUP
④ ANTI

참고 파트03-챕터03-섹션01

49 Windows에서 파일이나 폴더를 이동하거나 복사할 때 또는 창의 크기를 조절할 때 사용되는 마우스 조작은?

① 클릭(Click)
② 더블클릭(Double Click)
③ 드래그 앤 드롭(Drag & Drop)
④ 오른쪽 단추 클릭

참고 파트03-챕터02-섹션02

50 도스(MS-DOS)에서 "ATTRIB" 명령 사용 시, 읽기 전용 속성을 해제할 때 사용하는 옵션은?

① +H
② -S
③ -A
④ -R

참고 파트04-챕터04-섹션03

51 위성 통신의 다원 접속 방법이 아닌 것은?

① 주파수 분할 다원 접속
② 코드 분할 다원 접속
③ 시분할 다원 접속
④ 신호 분할 다원 접속

참고 파트04-챕터02-섹션03

52 통신 속도가 50[Baud]일 때 최단 부호 펄스의 시간은?

① 0.1[sec]
② 0.02[sec]
③ 0.05[sec]
④ 0.01[sec]

참고 파트04-챕터01-섹션02

53 정보 통신 시스템을 구성하는 기본 요소가 아닌 것은?

① 통신 제어 장치
② 전송 회선
③ 호스트 컴퓨터
④ 멀티 시스템계

참고 파트04-챕터03-섹션01

54 비동기 변복조기에서 주로 널리 이용되는 변조 방법은?

① 위상 편이 변조(PSK)
② 주파수 편이 변조(FSK)
③ 펄스 코드 변조(PCM)
④ 델타 변조(DM)

참고 파트04-챕터07-섹션01

55 하나의 정보를 여러 개의 반송파로 분할하고, 분할된 반송파 사이의 간격을 최소화하기 위해 직교 다중화해서 전송하는 통신 방식으로, 와이브로 및 디지털 멀티미디어 방송 등에 사용되는 기술은?

① TDM
② OFDM
③ DSSS
④ FHSS

참고 파트04-챕터03-섹션02

56 아날로그 신호를 디지털 신호로 전송하기 위해 필수적인 처리 과정이 아닌 것은?

① 표본화
② 정보화
③ 양자화
④ 부호화

참고 파트04-챕터02-섹션03

57 정보 통신에서 1초에 전송되는 비트(bit)의 수를 나타내는 전송 속도의 단위는?

① bps
② baud
③ cycle
④ Hz

참고 파트04-챕터03-섹션02

58 다음 중 변조 방식을 분류한 것에 속하지 않는 것은?

① 진폭 편이 변조
② 주파수 편이 변조
③ 위상 편이 변조
④ 멀티포인트 변조

참고 파트04-챕터04-섹션03

59 이동 통신의 전파 특성 중 이동체가 송신측으로 빠르게 다가오거나 멀어짐에 따라 수신 신호의 주파수 천이가 발생하는 현상은?

① 지연 확산
② 심볼 간 간섭 현상
③ 경로 손실
④ 도플러 효과

참고 파트04-챕터04-섹션03

60 TDM과 관련된 설명으로 옳은 것은?

① 주로 아날로그 병렬전송에 이용된다.
② 채널별 대역 필터가 필요하다.
③ 주파수 대역을 나누어 여러 채널로 사용한다.
④ 채널별 고정된 프레임을 구성하여 전송한다.

빠른 정답 확인 QR
스마트폰으로 QR을 찍으면 정답표가 오픈됩니다.
기출문제를 편리하게 채점할 수 있습니다.

참고 파트01-챕터06-섹션01

01 현재 수행 중에 있는 명령어 코드(Code)를 저장하고 있는 임시 저장 장치는?

① 인덱스 레지스터(Index Register)
② 명령 레지스터(Instruction Register)
③ 누산기(Accumulator)
④ 메모리 레지스터(Memory Register)

참고 파트01-챕터06-섹션02

02 다음 중 RISC(Reduced Instruction Set Computer)의 설명으로 옳은 것은?

① 메모리에 대한 액세스는 LOAD와 STORE만으로 한정되어 있다.
② 명령어마다 다른 수행 사이클을 가지므로 파이프라이닝이 효율적이다.
③ 마이크로 코드에 의해 해석 후 명령어를 수행한다.
④ 주소 지정 방식이 다양하게 존재한다.

참고 파트01-챕터06-섹션01

03 클록펄스에 의해서 기억된 내용을 한 자리씩 우측이나 좌측으로 이동시키는 레지스터는?

① 시프트 레지스터
② 범용 레지스터
③ 베이스 레지스터
④ 인덱스 레지스터

참고 파트01-챕터06-섹션02

04 중앙 처리 장치(CPU)에 해당하는 부분을 하나의 대규모 집적 회로의 칩에 내장시켜 기능을 수행하게 하는 것은?

① 마이크로프로세서
② 컴파일러
③ 소프트웨어
④ 레지스터

참고 파트01-챕터01-섹션03

05 다음에 실행할 명령어의 번지를 기억하는 레지스터는?

① Program Counter
② Memory Address Register
③ Instruction Register
④ Processor Register

참고 파트01-챕터02-섹션02

06 8비트짜리 레지스터 A와 B에 각각 11010101과 11110000이 들어있다. 레지스터 A의 내용이 00100101로 바뀌었다면 두 레지스터 A, B 사이에 수행된 논리 연산은?

① Exclusive-OR
② AND 연산
③ OR 연산
④ NOR 연산

참고 파트01-챕터03-섹션01

07 2진수 $(101010101010)_2$을 10진수로 변환하면?

① $(2730)_{10}$
② $(2630)_{10}$
③ $(2740)_{10}$
④ $(2640)_{10}$

참고 파트01-챕터02-섹션02

08 다음 진리표에 대한 논리식으로 올바른 것은?

A	B	Y
0	0	1
0	1	0
1	0	0
1	1	0

① $Y = A \cdot B$
② $Y = \overline{A \cdot B}$
③ $Y = A + B$
④ $Y = \overline{A + B}$

참고 파트01-챕터04-섹션01

09 0-주소 명령의 연산 시 사용하는 자료 구조로 적당한 것은?

① Stack
② Graph
③ Queue
④ Deque

참고 파트01-챕터03-섹션02

10 8개의 bit로 표현 가능한 정보의 최대 가짓수는?

① 255
② 256
③ 257
④ 258

참고 파트01-챕터05-섹션04

11 연관 기억 장치의 구성 요소에 해당하지 않는 것은?

① 검색 자료 레지스터
② 마스크 레지스터
③ 일치 지시기
④ 인덱스 레지스터

참고 파트01-챕터04-섹션02

12 다음과 같은 계산에 의해 주소를 지정하는 방식은?

> 유효 번지 = 프로그램 카운터(PC) + 주소 부분(Operand)

① 색인 주소 지정
② 상대 주소 지정
③ 베이스 주소 지정
④ 절대 주소 지정

참고 파트01-챕터01-섹션03

13 다음 중 기억 장치로부터 읽혀지거나 기록할 자료를 임시로 보관하는 Register는?

① PC(Program Counter)
② MAR(Memory Address Register)
③ IR(Instruction Register)
④ MBR(Memory Buffer Register)

참고 파트01-챕터06-섹션02

14 PC 내에서 데이터를 이동하는 데 사용하는 버스(Bus)의 종류로 옳지 않은 것은?

① 내부 버스
② 데이터 버스
③ 어드레스 버스
④ 제어 버스

참고 파트01-챕터06-섹션01

15 ALU의 구성요소가 아닌 것은?

① 가산기
② 누산기
③ 상태 레지스터
④ 명령 레지스터

참고 파트01-챕터02-섹션02

16 다음 논리 회로에서 출력 f의 값은?

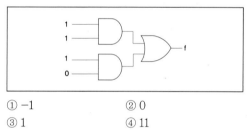

① -1
② 0
③ 1
④ 11

참고 파트01-챕터04-섹션02

17 주소 접근 방식 중 약식 주소 표현 방식에 해당하는 것은?

① 직접 주소
② 간접 주소
③ 자료 자신
④ 계산에 의한 주소

참고 파트01-챕터06-섹션01

18 산술 및 논리 연산의 결과를 일시적으로 기억하는 것은?

① 가산기　　　　② 누산기
③ 보수기　　　　④ 감산기

참고 파트01-챕터03-섹션02

19 EBCDIC 코드의 존(Zone) 코드는 몇 비트로 구성되어 있는가?

① 8　　　　② 7
③ 6　　　　④ 4

참고 파트01-챕터04-섹션02

20 주소 부분에 있는 값이 실제 데이터가 있는 실제 기억 장치 내의 주소를 나타내며 단순한 변수 등을 액세스하는 데 사용되는 주소 지정 방식은?

① 상대 주소(Relative Address)
② 절대 주소(Absolute Address)
③ 간접 주소(Indirect Address)
④ 직접 주소(Direct Address)

참고 파트02-챕터01-섹션02

21 DBMS의 필수 기능 중 다음 설명에 해당하는 것은?

> 데이터의 정확성과 보안성을 유지하기 위한 무결성, 보안 및 권한 검사, 병행 제어 등의 기능을 정의

① 정의 기능
② 제어 기능
③ 조작 기능
④ 관리 기능

참고 파트02-챕터03-섹션02

22 프레젠테이션을 구성하는 내용을 하나의 화면 단위로 나타낸 것은?

① 셀　　　　② 슬라이드
③ 시나리오　　　　④ 매크로

참고 파트02-챕터02-섹션01

23 SQL에서 데이터베이스에 대한 일련의 처리를 하나로 모은 작업 단위로 관리할 수 있는데, 이 작업 단위는?

① 페이지(Page)
② 세그먼테이션(Segmentation)
③ 디스패치(Dispatch)
④ 트랜잭션(Transaction)

참고 파트02-챕터01-섹션02

24 3단계 스키마(SCHEMA)의 종류가 아닌 것은?

① 개념 스키마　　　　② 외부 스키마
③ 관계 스키마　　　　④ 내부 스키마

참고 파트02-챕터01-섹션02

25 데이터베이스 시스템의 모든 관리와 운영에 대한 책임을 지고 있는 사람을 의미하는 것은?

① DBA　　　　② ATTRIBUTE
③ SCHEMA　　　　④ ENTITY

참고 파트02-챕터02-섹션01

26 데이터 정의어(DDL)에 해당하는 SQL 명령은?

① UPDATE　　　　② CREATE
③ INSERT　　　　④ SELECT

참고 파트02-챕터02-섹션01

27 다음 SQL 명령문의 의미로 가장 적절한 것은?

> DROP TABLE 학과 CASCADE;

① 학과 테이블을 제거하시오.
② 학과 필드를 제거하시오.
③ 학과 테이블과 이 테이블을 참조하는 다른 테이블도 함께 제거하시오.
④ 학과 테이블이 다른 테이블에 참조 중이면 제거하지 마시오.

참고 파트02-챕터03-섹션01

28 스프레드시트의 주요 기능과 거리가 먼 것은?

① 자동 계산 기능
② 데이터베이스의 기능
③ 문서 작성 기능
④ 프레젠테이션 기능

참고 파트02-챕터02-섹션01

29 고객 테이블의 모든 자료를 검색하는 SQL문으로 옳은 것은?

① SELECT % FROM 고객;
② SELECT ? FROM 고객;
③ SELECT * FROM 고객;
④ SELECT # FROM 고객;

참고 파트02-챕터03-섹션01

30 스프레드시트에서 특정 열과 행이 교차하면서 만들어진 사각형 영역은?

① 레이블
② 매크로
③ 셀
④ 필터

참고 파트03-챕터02-섹션02

31 도스(MS-DOS)에서 현재 사용 중이거나 지정한 디스크에 저장된 파일과 디렉터리 목록을 화면에 출력하는 명령은?

① DIR
② PROMPT
③ VER
④ MD

참고 파트03-챕터01-섹션01

32 사용자와 하드웨어 사이에서 중재자 역할을 수행하며, 하드웨어 자원을 관리하고 시스템 및 응용 프로그램의 실행에 도움을 제공하는 것은?

① 컴파일러
② 운영체제
③ 인터프리터
④ 어셈블러

참고 파트03-챕터03-섹션05

33 중앙 처리 장치와 같이 처리 속도가 빠른 장치와 프린터와 같이 처리 속도가 느린 장치 간의 처리 속도 문제를 해결하기 위한 방법은?

① 링킹
② 스풀링
③ 매크로 작업
④ 컴파일링

참고 파트03-챕터02-섹션02

34 도스(MS-DOS)에서 디스크에 저장된 파일을 삭제하는 명령은?

① DEL
② TIME
③ DATE
④ COPY

참고 파트03-챕터06-섹션01

35 다음 문장의 ( ) 안에 알맞은 내용은?

> ( ) selects from among the processes in memory that are ready to execute, and allocates the CPU

① Cycle
② Spooler
③ Buffer
④ Scheduler

참고 파트01-챕터01-섹션04

36 로더(Loader)가 수행하는 기능으로 옳지 않은 것은?

① 재배치가 가능한 주소들을 할당된 기억 장치에 맞게 변환한다.
② 로드 모듈은 주기억 장치로 읽어 들인다.
③ 프로그램의 수행 순서를 결정한다.
④ 프로그램을 적재할 주기억 장치 내의 공간을 할당한다.

참고 파트03-챕터02-섹션02

37 도스(MS-DOS) 명령어 중 외부 명령어에 해당하는 것은?

① TYPE ② COPY

③ FORMAT ④ DATE

참고 파트03-챕터01-섹션01

38 운영체제의 서비스 프로그램(Service Program) 중 사용자의 편의를 도모하기 위한 프로그램으로 텍스트 에디터, 디버거 등을 포함하고 있는 것은?

① 라이브러리(Library) 프로그램

② 로더(Loader)

③ 유틸리티(Utility) 프로그램

④ 컴파일러(Compiler)

참고 파트03-챕터04-섹션02

39 UNIX에서 현재 작업 디렉터리 경로를 화면에 출력하는 명령어는?

① pwd ② cat

③ tar ④ vi

참고 파트03-챕터03-섹션01

40 윈도우즈 운영체제에서 활성화 된 여러 개의 창을 순차적으로 전환할 때 사용하는 단축키는?

① Ctrl + Esc

② F4

③ Shift + Delete

④ Alt + Tab

참고 파트03-챕터03-섹션01

41 윈도우즈에서 새로운 하드웨어를 장착하고 시스템을 가동시키면 자동으로 하드웨어를 인식하고 실행하는 기능은?

① Interrupt 기능

② Auto & Play 기능

③ Plug & Play 기능

④ Auto & Plug 기능

참고 파트03-챕터05-섹션02

42 Linux 시스템에서 파일의 내용을 화면에 출력할 때 사용하는 명령어는?

① cat ② rm

③ ls ④ mv

참고 파트03-챕터06-섹션01

43 다음 ( ) 안에 들어갈 알맞은 용어는?

> The ( ) algorithm replace the resident page that has spent the longest time in memory. Whenever a page is to be evicted, the oldest page is identified and removed from main memory.

① FIFO ② LRU

③ OPT ④ NRU

참고 파트03-챕터05-섹션01

44 Linux 운영체제의 특징으로 볼 수 없는 것은?

① 대화식 운영체제이다.

② 다중 사용자 시스템이다.

③ 대부분의 코드가 어셈블리 언어로 기술되어 있다.

④ 높은 이식성과 확장성이 있다.

참고 파트03-챕터01-섹션02

45 다음 중 온라인 실시간 시스템의 조회 방식에 가장 적합한 업무는?

① 객관식 채점 업무

② 좌석 예약 업무

③ 봉급 계산 업무

④ 성적 처리 업무

참고 파트03-챕터01-섹션03

46 운영체제의 스케줄링 기법 중 선점(Preemptive) 스케줄링에 해당하는 것은?

① SRT ② SJF

③ FIFO ④ HRN

참고 파트03-챕터04-섹션03

47 다음이 설명하고 있는 UNIX 파일 시스템의 구조에 해당하는 것은?

> UNIX 시스템에서 파일 및 디렉터리를 관리하기 위해 사용되는 자료 구조이며, 각 파일이나 디렉터리에 대한 모든 정보를 지정하고 있다.

① 부트 블록　　　　② 슈퍼 블록
③ I-node　　　　　④ 데이터 블록

참고 파트03-챕터02-섹션03

48 DOS의 환경 설정 파일(CONFIG.SYS)에 대한 설명으로 옳지 않은 것은?

① 도스 운영에 필요한 환경을 설정하는 파일이다.
② 어느 디렉터리에 존재하든 상관없이 제 역할을 수행한다.
③ 사용자가 만들며, 수정할 수 있다.
④ TYPE 명령으로 내용을 확인할 수 있다.

참고 파트03-챕터04-섹션02

49 다음 유닉스(UNIX) 명령어 중 디렉터리 조작 명령어만을 옳게 나열한 것은?

> mv, cd, mkdir, mount, dump, chmod

① cd, mkdir　　　　② dump, chmod
③ mv, mkdir　　　　④ chmod, mount

참고 파트03-챕터03-섹션01

50 윈도우즈에서 하나의 디렉터리 내의 모든 파일을 선택할 때 사용하는 단축키는?

① Shift + F5　　　　② Ctrl + A
③ Shift + Alt　　　　④ Ctrl + F1

참고 파트04-챕터02-섹션01

51 다음 중 라디오 방송에 이용하는 통신 매체는?

① 스크린 케이블
② 광파
③ 전자파
④ 동축 케이블

참고 파트04-챕터03-섹션03

52 전송하려는 부호들의 최소 해밍 거리가 6일 때 수신 시 정정할 수 있는 최대 오류의 수는?

① 1　　　　　　　② 2
③ 3　　　　　　　④ 6

참고 파트04-챕터01-섹션03

53 다음 중 온라인(On-line) 처리 시스템의 기본적인 구성에 속하지 않는 것은?

① 단말 장치
② 통신 회선
③ 변복조기
④ 전자 교환기

참고 파트04-챕터03-섹션02

54 연속적인 신호파형에서 최고 주파수가 1W[Hz]일 때 나이키스트 표본화 주기는?

① 1W　　　　　　② 1/W
③ 2W　　　　　　④ 1/2W

참고 파트04-챕터04-섹션01

55 EIA RS-232C의 25PIN 중 송신 데이터는 몇 번 PIN에 해당되는가?

① 2번　　　　　　② 3번
③ 10번　　　　　④ 22번

참고 파트04-챕터02-섹션03

56 FM 변조에서 신호 주파수가 5[KHz], 최대 주파수 편이가 75[KHz]일 때 주파수 변조파의 대역폭은?

① 85[KHz]　　　② 100[KHz]
③ 160[KHz]　　　④ 200[KHz]

참고 파트04-챕터01-섹션02

57 데이터 통신 시스템의 구성 요소에 해당되지 않는 것은?

① 단말계　　　② 데이터 전송계
③ 데이터 처리계　　　④ 멀티시스템계

참고 파트04-챕터06-섹션02

58 데이터 통신의 교환 방식에 해당하지 않는 것은?

① 메시지 교환　　　② 수동 교환
③ 패킷 교환　　　④ 회선 교환

참고 파트04-챕터04-섹션02

59 100[MHz]의 반송파를 최대 주파수 편이가 60[KHz]이고, 신호파 주파수가 10[KHz]로 FM 변조할 때 변조 지수는?

① 4　　　② 6
③ 8　　　④ 10

참고 파트04-챕터03-섹션02

60 다음 중 진폭과 위상을 변화시켜 정보를 전달하는 디지털 변조 방식은?

① QAM　　　② FSK
③ PSK　　　④ ASK

빠른 정답 확인 QR
스마트폰으로 QR을 찍으면 정답표가 오픈됩니다.
기출문제를 편리하게 채점할 수 있습니다.

참고 파트01-챕터01-섹션03

01 일반적으로 명령어의 페치 사이클 중에는 현재 수행하고 있는 명령어의 위치를 가리키고, 실행 사이클 중에는 바로 다음에 실행할 명령어의 위치를 가리키는 Register는?

① 누산기(Accumulator)
② 프로그램 카운터(Program Counter)
③ 명령어 레지스터(Instruction Register)
④ 범용 레지스터(General Purpose Register)

참고 파트01-챕터04-섹션01

02 스택 연산에서 데이터를 삽입하거나 삭제하는 동작을 나타내는 것은?

① ADD, SUB
② LOAD, STORE
③ PUSH, POP
④ MOV, MUL

참고 파트01-챕터04-섹션03

03 다음 중 제어 장치에서 명령어의 실행 사이클에 해당하지 않는 것은?

① 인출 주기(Fetch Cycle)
② 직접 주기(Direct Cycle)
③ 간접 주기(Indirect Cycle)
④ 실행 주기(Execute Cycle)

참고 파트01-챕터02-섹션03

04 전가산기(Full Adder)는 어떤 회로로 구성되는가?

① 반가산기 1개와 OR 게이트로 구성된다.
② 반가산기 1개와 AND 게이트로 구성된다.
③ 반가산기 2개와 OR 게이트로 구성된다.
④ 반가산기 2개와 AND 게이트로 구성된다.

참고 파트01-챕터06-섹션02

05 CISC(Complex Instruction Set Computer)의 특징으로 틀린 것은?

① 많은 수의 명령어
② 다양한 주소 지정 방식
③ 가변 길이 명령어 형식
④ 단일 사이클의 명령어 실행

참고 파트01-챕터03-섹션02

06 EBCDIC 코드는 몇 개의 Zone bit를 갖는가?

① 1
② 2
③ 3
④ 4

참고 파트01-챕터05-섹션04

07 가상 메모리를 사용하는 목적으로 가장 옳은 것은?

① 주기억 장치의 용량 제한으로 발생하는 문제 해결
② CPU와 주기억 장치 사이의 속도 차이 개선
③ 대용량 멀티미디어 데이터 보존을 위한 백업
④ 컴퓨터 부팅에 사용되는 초기화 프로그램 보관

참고 파트01-챕터06-섹션01

08 다음 회로와 관련이 있는 장치는?

감산기, 보수기, 누산기, 가산기

① 연산 장치
② 제어 장치
③ 기억 장치
④ 입력 장치

참고 파트01-챕터02-섹션02

09 다음 진리표에 해당하는 논리식은?

입력		출력
A	B	
0	0	0
0	1	0
1	0	1
1	1	0

① $\overline{A} + B$
② $\overline{A} \cdot B$
③ $A + \overline{B}$
④ $A \cdot \overline{B}$

참고 파트01-챕터04-섹션01

10 8Bit를 1Word로 이용하는 컴퓨터에서 OP-Code를 3Bit 사용하면 인스트럭션을 몇 개 사용할 수 있는가?

① 4
② 6
③ 8
④ 16

참고 파트01-챕터02-섹션01

11 $(A+1) \cdot (B+1) + C$의 논리식을 간단히 한 결과는?

① 1
② 0
③ A
④ C

참고 파트01-챕터02-섹션03

12 다음과 같은 논리식으로 구성되는 회로는? (단, S는 합(Sum), C는 자리올림(Carry)을 나타낸다.)

$$S = \overline{A} \cdot B + A \cdot \overline{B} = A \oplus B$$
$$C = A \cdot B$$

① 반가산기(Half Adder)
② 전가산기(Full Adder)
③ 전감산기(Full Subtracter)
④ 부호기(Encoder)

참고 파트01-챕터04-섹션02

13 다음 중 주소 일부를 접속하거나 계산하여 기억 장치에 접근시킬 수 있는 주소 일부분을 생략한 주소 표현 방식은?

① 절대 주소
② 약식 주소
③ 생략 주소
④ 자료 자신

참고 파트01-챕터04-섹션02

14 묵시적 주소 지정 방식을 사용하는 산술 명령어는 주로 어떤 레지스터의 내용을 사용하여 연산을 수행하는가?

① PC
② MBR
③ ACC
④ SP

참고 파트01-챕터02-섹션02

15 다음과 같은 논리 회로에서 A의 값이 1010, B의 값이 1110일 때 출력 Y의 값은?

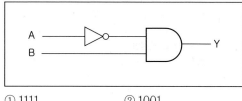

① 1111
② 1001
③ 1010
④ 0100

참고 파트01-챕터06-섹션01

16 제어 논리 장치(CLU)와 산술 논리 연산 장치(ALU)의 실행 순서를 제어하기 위해 사용하는 레지스터는?

① Flag Register
② Accumulator
③ Data Register
④ Status Register

참고 파트01-챕터01-섹션02

17 CPU의 정보 처리 속도 단위 중 초당 100만 개의 명령어를 수행하는 것을 나타내는 단위는?

① MHz
② KIPS
③ MIPS
④ LIPS

참고 파트01-챕터04-섹션02

18 순차적인 주소 지정 등에 유리하며, 주소 지정에 2개의 레지스터가 사용되는 방식은?

① 직접 Addressing　　② 간접 Addressing
③ 상대 Addressing　　④ 색인 Addressing

참고 파트01-챕터06-섹션02

19 개인용 컴퓨터에 주로 사용되고 있는 중앙 처리 장치는 무엇으로 구성되는가?

① 코프로세서　　　② 핸드 쉐이킹
③ 마이크로프로세서　④ 초고밀도 집적 회로

참고 파트01-챕터02-섹션04

20 JK 플립플롭에서 J=K=1일 때 출력 동작은?

① Set　　　　　　② Clear
③ No Change　　　④ Complement

참고 파트02-챕터02-섹션01

21 다음의 SQL 명령에서 DISTINCT의 의미를 가장 잘 설명한 것은?

```
SELECT DISTINCT 학과명
FROM 학생 WHERE 총점 〉 80;
```

① 학과명이 중복되지 않게 검색한다.
② 중복된 학과명만 검색한다.
③ 동일한 총점을 가진 학생만 검사한다.
④ 학과명만 제외하고 검색한다.

참고 파트02-챕터03-섹션01

22 스프레드시트에서 조건을 부여하여 이에 맞는 자료들만 추출하여 표시하는 것을 무엇이라고 하는가?

① 정렬　　　　　　② 필터
③ 매크로　　　　　④ 프레젠테이션

참고 파트02-챕터01-섹션02

23 관계 데이터베이스에서 하나의 애트리뷰트가 취할 수 있는 같은 타입의 모든 원자값의 집합을 무엇이라고 하는가?

① 튜플(Tuple)
② 도메인(Domain)
③ 스키마(Schema)
④ 인스턴트(Instance)

참고 파트02-챕터02-섹션01

24 데이터베이스 제어어(DCL) 중 사용자에게 조작에 대한 권한을 부여하는 명령어는?

① OPTION　　　　② REVOKE
③ GRANT　　　　 ④ VALUES

참고 파트02-챕터03-섹션02

25 프레젠테이션에서 화면 전체를 전환하는 단위를 의미하는 것은?

① 개체　　　　　　② 개요
③ 스크린 팁　　　 ④ 슬라이드

참고 파트02-챕터01-섹션01

26 데이터베이스 설계 단계를 순서대로 기술한 것은?

① 논리적 설계 → 개념적 설계 → 물리적 설계
② 논리적 설계 → 물리적 설계 → 개념적 설계
③ 개념적 설계 → 물리적 설계 → 논리적 설계
④ 개념적 설계 → 논리적 설계 → 물리적 설계

참고 파트02-챕터01-섹션02

27 데이터베이스에서 정보 부재를 명시적으로 표현하기 위해 사용하는 특수한 데이터 값은?

① 널(Null)　　　　② 공백(Blank)
③ 샵(#)　　　　　 ④ 영(Zero)

참고 파트02-챕터03-섹션01

28 스프레드시트에 행과 열이 교차되면서 만들어지는 각각의 사각형을 무엇이라고 하는가?

① 셀　　　　　　② 차수
③ 카디널리티　　④ 슬라이드

참고 파트02-챕터02-섹션01

29 하나 이상의 기본 테이블로 부터 유도되어 만들어지는 가상 테이블은?

① 뷰(View)　　　　② 유리창(Window)
③ 스키마(Schema)　④ 도메인(Domanin)

참고 파트02-챕터02-섹션01

30 테이블을 제거할 때 사용하는 SQL 명령어는?

① DELETE　　② DROP
③ VIEW　　　④ ALTER

참고 파트03-챕터04-섹션02

31 UNIX에서 파일을 삭제할 때 사용되는 명령어는?

① ls　　　② cp
③ pwd　　④ rm

참고 파트03-챕터06-섹션01

32 다음 (　) 안에 알맞은 것은?

> Most of the practical deadlock-handling techniques fall into one of these three categories, which are customarily called (　), deadlock avoidance, and deadlock detection and recovery respectively.

① deadlock waiting
② deadlock prevention
③ deadlock preemption
④ deadlock exclusion

참고 파트03-챕터02-섹션02

33 도스(MS-DOS)의 명령어 중 비교적 자주 사용되며 실행 과정이 간단하고 별도의 파일 형태를 갖지 않아 언제든지 실행이 가능한 것은?

① SORT　　② CLS
③ SYS　　　④ FDISK

참고 파트03-챕터03-섹션03

34 윈도우즈 운영체제에서 파일을 삭제하는 방법에 대한 설명으로 옳지 않은 것은?

① 마우스 오른쪽 버튼을 클릭하여 [삭제] 메뉴를 이용한다.
② Delete 버튼을 누른다.
③ 휴지통에 드래그 앤 드롭한다.
④ Esc 버튼을 누른다.

참고 파트03-챕터04-섹션01

35 UNIX 시스템의 구성을 크게 세 부분으로 나눌 때 해당하지 않는 것은?

① Block　　② Kernel
③ Shell　　④ Utility

참고 파트03-챕터01-섹션03

36 다음 중 프로그래밍 시스템 내에서 서로 다른 프로세스가 일어날 수 없는 사건을 무한정 기다리고 있는 것은?

① 세마포어　　② 가베지 수집
③ 코루틴　　　④ 교착 상태

참고 파트03-챕터01-섹션01

37 운영체제(Operating System)의 목적이 아닌 것은?

① 반환 시간 증가
② 처리 능력 향상
③ 사용 가능도 향상
④ 신뢰도 향상

참고 파트03-챕터01-섹션03

38 다음의 설명이 의미하는 것은?

> This is protected variable (or abstract data type) which constitutes the classic method for restricting access to shared memory, in a multiprogramming environment.
> This is a counter for a set of available resource, rather than a locked/unlocked flag of a single resource.

① Mutex
② Event
③ Thread
④ Critical Section

참고 파트02-챕터02-섹션01

39 SQL의 기본 검색문 형식으로 괄호 (㉠)~(㉣)의 내용이 옳게 짝지어진 것은?

> SELECT (㉠)
> FROM (㉡)
> WHERE (㉢)
> GROUP BY (㉣)

① (㉠) 열 이름　(㉡) 속성
　(㉢) 테이블　(㉣) 조건
② (㉠) 열 이름　(㉡) 속성
　(㉢) 조건　(㉣) 테이블
③ (㉠) 열 이름　(㉡) 테이블
　(㉢) 조건　(㉣) 그룹
④ (㉠) 릴레이션　(㉡) 열 이름
　(㉢) 조건　(㉣) 그룹

참고 파트03-챕터02-섹션02

40 도스(MS-DOS)에서 Attrib 명령어의 옵션에 대한 설명으로 옳지 않은 것은?

① 백업 파일 속성 : A
② 시스템 파일 속성 : S
③ 읽기 전용 파일 속성 : P
④ 숨김 파일 속성 : H

참고 파트03-챕터02-섹션02

41 도스(MS-DOS)의 필터(Filter) 명령어 중 하나 또는 여러 개의 파일에서 특정한 문자열을 검색하는 명령어는?

① FIND
② MORE
③ SORT
④ SEARCH

참고 파트04-챕터02-섹션03

42 4Mhz의 대역폭에서 FM을 이용하여 부호화할 경우 대역폭은(Mhz)? (단, FCC는 무시한다.)

① 8
② 16
③ 40
④ 80

참고 파트03-챕터05-섹션01

43 Linux 시스템에서 커널의 수행 기능에 해당하지 않는 것은?

① 프로세스 관리
② 기억 장치 관리
③ 입출력 관리
④ 명령어 해독

참고 파트04-챕터03-섹션02

44 8진 PSK 오류율은 2진 PSK 오류율의 몇 배인가?

① 2배
② 3배
③ 6배
④ 8배

참고 파트03-챕터04-섹션02

45 UNIX에서 사용할 수 있는 편집기가 아닌 것은?

① ed
② vi
③ ex
④ et

참고 파트03-챕터05-섹션02

46 다음 중 사용자의 계정 비밀번호를 설정하거나 변경할 때 사용하는 Linux 명령은?

① chpass
② password
③ pwd
④ passwd

참고 파트03-챕터01-섹션03

47 다음에서 설명하는 프로세스의 상태 변화는 무엇인가?

> 실행 상태의 프로세스가 종료되기 전에 입출력이나 기타 다른 작업을 필요로 할 경우 CPU를 반납하고 작업의 완료를 기다리기 위해 대기 상태로 전환

① 디스패치(Dispatch)
② 블록(Block)
③ 타이머 종료(Timer Runout)
④ 웨이크 업(Wake Up)

참고 파트03-챕터04-섹션01

48 UNIX에 대한 설명으로 옳지 않은 것은?

① 사용자의 명령으로 시스템이 수행되고 그에 따른 결과를 나타내 주는 대화식 운영체제이다.
② 여러 프로그램을 동시에 실행시킬 수 있다.
③ 파일 시스템이 배열 형태가 선형적 구조로 되어 있다.
④ 표준 입출력을 통해 명령어와 명령어가 파이프라인으로 연결된다.

참고 파트03-챕터02-섹션02

49 다음 도스(MS-DOS) 명령어에 대한 설명으로 옳은 것은?

① ren : 디렉터리를 지운다.
② find : 파일의 목록을 보여준다.
③ more : 화면을 깨끗이 지운다.
④ cd : 특정 디렉터리로 이동한다.

참고 파트03-챕터02-섹션02

50 다음 도스(MS-DOS) XCOPY 명령어에 대한 설명으로 옳지 않은 것은?

① XCOPY는 파일과 하위 디렉터리를 한꺼번에 복사해 준다.
② XCOPY 명령에서 HIDDEN FILE은 복사되지 않는다.
③ XCOPY는 + 기호를 사용하는 파일 합치기 기능이 있다.
④ XCOPY는 외부 명령어이다.

참고 파트04-챕터05-섹션01

51 HDLC(High-level Data Link Control) 프레임(Frame)을 구성하는 순서로 바르게 열거한 것은?

① 플래그, 주소부, 정보부, 제어부, 검색부, 플래그
② 플래그, 주소부, 제어부, 정보부, 검색부, 플래그
③ 플래그, 검색부, 주소부, 정보부, 제어부, 플래그
④ 플래그, 제어부, 주소부, 정보부, 검색부, 플래그

참고 파트04-챕터03-섹션02

52 다음 중 PCM 전송에서 송신측 과정은?

① 음성 → 양자화 → 표본화 → 부호화
② 음성 → 복호화 → 변조화 → 부호화
③ 음성 → 2진화 → 압축화 → 부호화
④ 음성 → 표본화 → 양자화 → 부호화

참고 파트04-챕터04-섹션03

53 주파수 분할 다중화 방식에서 각 채널 간 간섭을 막기 위해서 일종의 완충지역 역할을 하는 것은?

① 서브 채널(Sub-CH)
② 채널 밴드(CH Band)
③ 채널 세트(CH Set)
④ 가드 밴드(Guard Band)

참고 파트04-챕터05-섹션01

54 IP 주소 198.0.46.201의 기본 마스크는?

① 255.0.0.0 ② 255.255.0.0
③ 255.255.255.0 ④ 255.255.255.255

참고 파트04-챕터03-섹션02

55 PCM 방식에서 표본화 주파수가 8[khz]라 하면 이때 표본화 주기는?

① $125[\mu s]$ ② $100[\mu s]$
③ $85[\mu s]$ ④ $8[\mu s]$

참고 파트04-챕터06-섹션02

56 다음 중 트래픽 제어에 해당되지 않는 것은?

① 흐름 제어

② 교착 회피 제어

③ 오류 제어

④ 폭주 제어

참고 파트04-챕터03-섹션03

57 다음 중 패리티 검사에 대한 설명으로 틀린 것은?

① 패리티 검사는 주로 저속 비동기 방식에서 이용된다.

② 패리티 비트는 짝수(Even) 혹은 홀수(Odd) 패리티로 사용된다.

③ 전송 중 짝수개의 에러 비트가 발생해도 에러 검출이 가능하다.

④ 패리티 검사를 통하여 전송 신뢰를 높일 수 있다.

참고 파트04-챕터03-섹션03

58 다음 중 ARQ 방식에 대한 설명으로 올바른 것은?

① 에러를 정정하는 방식

② 부호를 정정하는 방식

③ 에러를 검출하는 방식

④ 에러를 검출하여 재전송을 요구하는 방식

참고 파트04-챕터03-섹션02

59 반송파 신호(Carrier Signal)의 피크-투-피크 (Peak-to-Peak) 전압이 변하는 형태의 아날로그 변조 방식은?

① AM(Amplitude Modulation)

② FM(Frequency Modulation)

③ PM(Phase Modulation)

④ DM(Delta Modulation)

참고 파트04-챕터03-섹션03

60 2 out of 5 부호를 이용하여 에러를 검출하는 방식은?

① 정 마크(정스페이스) 방식

② 군계수 Check 방식

③ SQD 방식

④ Parity Check 방식

빠른 정답 확인 QR

스마트폰으로 QR을 찍으면 정답표가 오픈됩니다. 기출문제를 편리하게 채점할 수 있습니다.

시험 시간	풀이 시간	합격 점수	내 점수	문항수
60분	분	60점	점	총 60개

자동 채점 서비스

참고 파트01-챕터05-섹션02

01 입출력 조작의 시간과 중앙 처리 장치의 처리 시간과의 불균형을 보완하는 것은?

① 채널 장치
② 제어 장치
③ 터미널 장치
④ 콘솔 장치

참고 파트01-챕터04-섹션01

02 명령어 형식(Instruction Format)에서 첫 번째 바이트에 기억되는 것은?

① Operand
② Length
③ Question Mark
④ OP-Code

참고 파트01-챕터02-섹션03

03 반가산기(Half-Adder)의 논리 회로도에서 자리올림이 발생하는 회로는?

① OR
② NOT
③ Exclusive OR
④ AND

참고 파트01-챕터04-섹션02

04 기억 장치 고유의 번지로서 0, 1, 2, 3, ...과 같이 16진수로 약속하여 순서대로 정해 놓은 번지는?

① 절대 번지
② 상대 번지
③ 필수 번지
④ 선택 번지

참고 파트01-챕터03-섹션01

05 2진수 1011의 1의 보수는?

① 0100
② 1000
③ 0010
④ 1010

참고 파트01-챕터02-섹션02

06 다음 진리표에 해당하는 GATE는 어느 것인가?

입력		출력
A	B	C
0	0	0
1	1	1
1	0	1
1	1	0

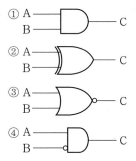

① A, B → C
② A, B → C
③ A, B → C
④ A, B → C

참고 파트01-챕터02-섹션01

07 불(Boolean) 대수의 정리 중 틀린 것은?

① $1 + A = A$
② $1 \cdot A = A$
③ $0 + A = A$
④ $0 \cdot A = 0$

참고 파트01-챕터01-섹션03

08 데이터 전송 명령어의 기능이 아닌 것은?

① 상수값을 레지스터 또는 주기억 장치로 전송
② 스택에 저장된 값을 레지스터로 전송
③ 레지스터에 저장된 값을 스택으로 전송
④ 레지스터에 저장된 값을 연산

참고 파트01-챕터04-섹션02

09 다음 주소 지정 방법 중 처리 속도가 가장 빠른 것은?

① Direct Address
② Indirect Address
③ Calculated Address
④ Immediate Address

참고 파트01-챕터03-섹션02

10 ASCII 코드에 대한 설명으로 잘못된 것은?

① 3개의 Zone 비트를 가지고 있다.
② 16비트 코드로 미국 표준협회에서 개발하였다.
③ 통신 제어용으로 사용한다.
④ 128가지의 문자를 표현한다.

참고 파트01-챕터02-섹션02

11 다음에 해당하는 논리 회로는?

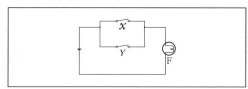

① OR
② AND
③ NOT
④ EX-OR

참고 파트01-챕터02-섹션03

12 1개의 입력선으로 들어오는 정보를 2^n개의 출력선 중 1개를 선택하여 출력하는 회로는?

① 멀티플렉서
② 인코더
③ 디코더
④ 디멀티플렉서

참고 파트01-챕터01-섹션03

13 제어 장치의 기능에 대한 설명으로 틀린 것은?

① 산술 및 논리 연산을 실행하는 장치이다.
② 입·출력 장치를 제어한다.
③ 주기억 장치에 기억된 명령을 꺼내어 해독한다.
④ 프로그램카운터와 명령레지스터를 이용하여 명령어 처리 순서를 제어한다.

참고 파트04-챕터08-섹션01

14 인터넷에 연결되어 있는 수많은 컴퓨터의 주소는 일정한 규칙에 따라 지어진다. 201.104.4.1과 같이 4개의 필드로 끊어서, (.)으로 분리하여 나타내는 컴퓨터 주소는?

① 개인 ID
② 전자우편 ID
③ IP 주소
④ 도메인 주소

참고 파트01-챕터04-섹션02

15 주소를 지정하는 필드가 없는 0번지 명령어에서 Stack의 Top 포인터가 가리키는 오퍼랜드를 암시하여 이용하는 주소 방식은?

① Implied Mode
② Immediate Mode
③ Direct Mode
④ Indirect Mode

참고 파트01-챕터03-섹션01

16 10진수 23을 2진수로 변환하면?

① $(10111)_2$
② $(11011)_2$
③ $(10011)_2$
④ $(11101)_2$

참고 파트01-챕터05-섹션04

17 주기억 장치의 접근 시간과 CPU의 처리 속도 차이를 줄이기 위해 사용되는 것은?

① Magnetic Tapes
② Magnetic Disks
③ Cache Memory
④ Virtual Memory

참고 파트01-챕터06-섹션02

18 마이크로프로세서의 기능이 아닌 것은?

① 기억 기능　　　　② 메모리 관리
③ 산술 및 논리 연산　④ 제어 기능

참고 파트01-챕터05-섹션04

19 디스크 팩이 6장으로 구성되었을 때 사용하여 기록할 수 있는 면의 수는?

① 6　　　　　　② 8
③ 10　　　　　④ 12

참고 파트01-챕터02-섹션03

20 다음 논리 회로에서 입력 A, B, C에 대한 출력 Y의 값은?

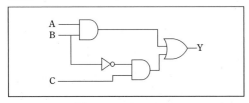

① $Y = AB + \overline{B}C$　　② $Y = A + B + C$
③ $Y = AB + BC$　　　④ $Y = \overline{A}B + \overline{B}C$

참고 파트02-챕터03-섹션02

21 프레젠테이션에서 프레젠테이션의 흐름을 기획한 것은?

① 개체　　　　　② 슬라이드
③ 매크로　　　　④ 시나리오

참고 파트02-챕터03-섹션01

22 스프레드시트의 기능과 거리가 먼 것은?

① 데이터 연산결과를 사용자가 다양한 서식으로 자유롭게 표현한다.
② 입력된 자료 또는 계산된 자료를 가지고 여러 유형의 그래프를 작성한다.
③ 동영상 처리 및 애니메이션 효과를 구현할 수 있다.
④ 특정 자료의 검색, 추출 및 정렬을 한다.

참고 파트02-챕터02-섹션01

23 SQL의 DML에 해당하지 않는 것은?

① INSERT　　　　② SELECT
③ CREATE　　　　④ UPDATE

참고 파트02-챕터02-섹션01

24 제품명과 단가로 이루어진 제품 테이블에서 단가에 대한 내림차순으로 검색하고자 한다. (　) 안에 알맞은 SQL 명령으로 옳게 나열된 것은?

> SELECT 제품명, 단가 FROM 제품 (㉠) 단가 (㉡);

① ㉠ ORDER TO　　㉡ DESC
② ㉠ ORDER BY　　㉡ DESC
③ ㉠ ORDER　　　㉡ DOWN
④ ㉠ ORDER　　　㉡ DESC

참고 파트02-챕터02-섹션01

25 SQL에서 상품 테이블을 삭제하고자 할 때의 명령으로 옳은 것은?

① DROP TABLE 상품;
② DELETE TABLE 상품;
③ ALTER 상품 TABLE;
④ ERASE 상품 TABLE;

참고 파트02-챕터02-섹션01

26 다음 내용을 실행하는 SQL 문장으로 옳은 것은?

> "주문(Purchase) 테이블에서 품명(ITEM)이 사과인 모든 행을 삭제하시오."

① DELETE FROM Purchase WHEN ITEM= "사과";
② DELETE FROM Purchase WHERE ITEM= "사과";
③ KILL FROM Purchase WHERE ITEM= "사과";
④ DELETE ITEM="사과" FROM Purchase;

참고 파트02-챕터01-섹션02

27 3단계 스키마의 종류에 해당하지 않는 것은?

① 외부 스키마
② 내부 스키마
③ 개념 스키마
④ 관계 스키마

참고 파트02-챕터01-섹션01

28 데이터베이스 설계 단계의 순서로 옳은 것은?

> ㉠ 개념적 데이터베이스 설계
> ㉡ 논리적 데이터베이스 설계
> ㉢ 물리적 데이터베이스 설계

① ㉡ → ㉠ → ㉢
② ㉢ → ㉠ → ㉡
③ ㉠ → ㉡ → ㉢
④ ㉠ → ㉢ → ㉡

참고 파트02-챕터03-섹션01

29 스프레드시트 작업에서 반복적으로 실행하는 경우에 한 번의 명령으로 자동화시켜 처리하는 기능은?

① 뷰
② 정렬
③ 필터
④ 매크로

참고 파트02-챕터01-섹션02

30 데이터베이스를 사용하는 경우의 장점이 아닌 것은?

① 데이터의 일관성 유지
② 데이터의 공용 사용
③ 데이터의 무결성 유지
④ 데이터 중복의 최대화

참고 파트03-챕터04-섹션01

31 다음 ( ) 안의 내용으로 적절하지 않은 것은?

> The UNIX operating system has three important features – ( ), ( ) and ( ).

① Kernel
② Shell
③ File System
④ Compiler

참고 파트03-챕터01-섹션03

32 운영체제의 프로세스 정의로 가장 거리가 먼 것은?

① 실행 중인 프로그램
② 프로그램을 실행하는 처리 단위
③ 프로세서가 할당되는 개체
④ 데이터 저장 공간

참고 파트03-챕터04-섹션02

33 다음 UNIX 명령어 중 반드시 인수를 갖는 명령어들로만 나열한 것은?

> ㉠ wc ㉡ pwd ㉢ kill ㉣ passwd

① ㉠, ㉡
② ㉡, ㉢
③ ㉠, ㉢
④ ㉡, ㉣

참고 파트03-챕터01-섹션02

34 다음 중 운영체제의 발전 단계를 가장 올바르게 나열한 것은?

① 배치 처리 → 다중 프로그래밍 → 시분할 시스템
② 다중 프로그래밍 → 시분할 시스템 → 배치 처리
③ 시분할 시스템 → 배치 처리 → 다중 프로그래밍
④ 배치 처리 → 시분할 시스템 → 다중 프로그래밍

참고 파트03-챕터02-섹션02

35 도스(MS-DOS)에서 파일을 저장하고 보관하는 것은?

① 파일(File)
② 디렉터리(Directory)
③ 트리(Tree)
④ 자료 구조(Data Structure)

참고 파트03-챕터04-섹션01

36 UNIX 운영체제에 대한 설명으로 가장 거리가 먼 것은?

① 다중 프로세스 운영체제이다.
② 윈도우즈 기반 운영체제이다.
③ 다중 사용자 시스템이다.
④ 주로 C 언어로 작성된 운영체제이다.

참고 파트03-챕터03-섹션03

37 윈도우즈의 휴지통에 대한 설명으로 틀린 것은?

① 일반적으로 삭제된 파일이 저장되는 공간이다.
② 휴지통의 용량은 조절할 수 있다.
③ 휴지통에 있는 파일을 직접 실행시키려면 해당 파일을 더블클릭한다.
④ 휴지통 비우기를 실행하면 복구가 불가능해진다.

참고 파트04-챕터02-섹션03

38 다음 중 가청 주파수의 범위는 대략 얼마인가?

① 16[Hz] ~ 0.2[KHz]
② 20[Hz] ~ 20[KHz]
③ 300[Hz] ~ 4[KHz]
④ 300[Hz] ~ 200[KHz]

참고 파트03-챕터04-섹션02

39 두 개의 파일이 차이가 있을 때 차이점이 나타난 바이트 위치와 행 번호를 표시하는 UNIX 명령어는?

① diff   ② cmp
③ comm   ④ paste

참고 파트03-챕터02-섹션01

40 실행 중인 프로그램이나 시스템을 중지시킬 수 있는 수행 중단 기능(Break = On)을 설정할 수 있는 도스 파일은?

① io.sys   ② command.com
③ config.sys   ④ autoexec.bat

참고 파트03-챕터05-섹션02

41 Linux의 df, du 명령에서 표시되는 용량을 KB, MB, GB로 나타내고자 할 때 사용하는 옵션은?

① -h   ② -k
③ -m   ④ -g

참고 파트03-챕터01-섹션01

42 Which one is not related to Processing program?

① Language Translator Program
② Service Program
③ Job Management Program
④ Problem Program

참고 파트03-챕터03-섹션05

43 스풀링(Spooling)에 대한 설명으로 틀린 것은?

① 프로세서와 입·출력 장치와의 속도 차이를 해결하여 시스템의 효율을 높이는 방법이다.
② 스풀링의 방법은 출력 장치로 직접 보내는 것이다.
③ 출력 시 출력할 데이터를 만날 때마다 디스크로 보내 저장시키는 것이다.
④ 프로그램 실행과 속도가 느린 입·출력을 이원화한다.

참고 파트03-챕터01-섹션02

44 운영체제의 데이터 처리 방식 중 처리할 데이터를 일정한 시간이 경과하거나 일정한 수준이 되었을 때 일시에 처리하는 것은?

① Batch Processing System
② Multi-Processing System
③ Distributed Processing System
④ Time Sharing Processing System

참고 파트03-챕터02-섹션02

45 컴퓨터에 하드 디스크를 새로 장착하고 부팅 가능한 하드 디스크로 만들기 위한 도스 명령어는?

① FORMAT C: /S
② FORMAT C: /B
③ FORMAT C: /T
④ FORMAT C: /Q

참고 파트03-챕터05-섹션02

46 Linux에서 부모 프로세스가 자식 프로세스를 생성하는 명령어는?

① exec ② exit
③ fork ④ pipe

참고 파트03-챕터01-섹션01

47 운영체제의 수행 업무에 해당하지 않는 것은?

① 하드웨어 장치와 프로그램 수행 제어
② CPU 스케줄링
③ 기억 장치의 할당 및 회수
④ 통신 회선 신호 변환

참고 파트03-챕터02-섹션02

48 도스(MS-DOS)에서 1개의 하드 디스크를 논리적으로 2개의 드라이브로 분할하고자 할 때 사용하는 명령어는?

① CHKDSK ② ATTRIB
③ FORMAT ④ FDISK

참고 파트03-챕터04-섹션02

49 다음에서 설명하는 UNIX 명령어는?

- 현재 사용 중인 프로세스의 정보를 출력한다.
- a : 시스템에 작동 중인 모든 프로세스에 대한 자세한 정보를 출력한다.

① ping ② ps
③ pwd ④ cd

참고 파트04-챕터08-섹션01

50 문자(SMS)와 피싱(Phishing)의 합성어로 인터넷 접속이 가능한 스마트폰의 문자메시지를 이용한 휴대폰 해킹은?

① 스미싱 ② 스푸핑
③ 파밍 ④ 스니핑

참고 파트04-챕터06-섹션01

51 10개 국(Station)을 서로 망형 통신망으로 구성 시 최소로 필요한 통신 회선 수는?

① 15 ② 25
③ 35 ④ 45

참고 파트04-챕터02-섹션03

52 데이터 변조 속도가 3600[Baud]이고 쿼드비트(Quad bit)를 사용하는 경우 전송 속도는?

① 14400[bps]
② 10800[bps]
③ 9600[bps]
④ 7200[bps]

참고 파트04-챕터06-섹션03

53 다음 중 LAN의 특성이라고 볼 수 없는 것은?

① 고속의 정보 전송이 가능하다.
② 자원의 공유가 가능하다.
③ 정보 기기의 재배치 및 확장성이 우수하다.
④ 방송 형태로 서비스 이용이 불가능하다.

참고 파트04-챕터04-섹션01

54 RS-232C 25핀 인터페이스에서 데이터 전송(TXD)과 수신(RXD)에 해당되는 핀(Pin) 번호가 순서대로 옳은 것은?

① 1, 2 ② 3, 4
③ 2, 3 ④ 4, 5

참고 파트04-챕터03-섹션02

55 PCM(Pulse Code Modulation)의 과정이 순서대로 옳은 것은?

① 신호 → 양자화 → 표본화 → 부호화 → 복호화
② 신호 → 표본화 → 양자화 → 부호화 → 복호화
③ 신호 → 표본화 → 양자화 → 복호화 → 부호화
④ 신호 → 복호화 → 양자화 → 부호화 → 표본화

참고 파트04-챕터02-섹션01

56 다음 중 전송 선로의 1차 정수가 아닌 것은?

① 저항   ② 인덕턴스
③ 정전 용량   ④ 위상 정수

참고 파트04-챕터07-섹션02

57 컴퓨터를 이용하여 기존의 문자나 숫자 정보뿐만 아니라 텍스트, 이미지, 오디오, 비디오 등 여러 가지 미디어 형태의 정보를 통합하여 처리하는 기술을 무엇이라고 하는가?

① 패킷 무선망 기술   ② 전화망 기술
③ 멀티미디어 기술   ④ 대용량 전송 기술

참고 파트04-챕터05-섹션02

58 다음 중 데이터의 암호화와 압축을 수행하는 OSI 참조 모델의 계층은?

① 응용 계층   ② 표현 계층
③ 세션 계층   ④ 전송 계층

참고 파트04-챕터02-섹션03

59 다음 중 신호대잡음비(SNR)의 단위로 옳은 것은?

① Baud   ② Cycle
③ Hz   ④ dB

참고 파트04-챕터03-섹션02

60 다음 중 아날로그 CATV 방송의 영상 신호 전송 방식은?

① FM 방식   ② FSK 방식
③ PCM 방식   ④ AM 방식

빠른 정답 확인 QR
스마트폰으로 QR을 찍으면 정답표가 오픈됩니다.
기출문제를 편리하게 채점할 수 있습니다.

최신 기출문제
정답 & 해설

최신 기출문제 01회

01 ②	02 ①	03 ④	04 ①	05 ③
06 ②	07 ①	08 ②	09 ③	10 ④
11 ④	12 ④	13 ②	14 ①	15 ②
16 ③	17 ③	18 ②	19 ④	20 ①
21 ①	22 ①	23 ④	24 ③	25 ④
26 ①	27 ①	28 ③	29 ②	30 ③
31 ④	32 ④	33 ④	34 ③	35 ②
36 ②	37 ①	38 ③	39 ④	40 ②
41 ③	42 ②	43 ①	44 ④	45 ④
46 ②	47 ③	48 ②	49 ②	50 ③
51 ②	52 ③	53 ④	54 ②	55 ④
56 ④	57 ④	58 ④	59 ③	60 ④

최신 기출문제 04회

01 ②	02 ③	03 ②	04 ③	05 ④
06 ④	07 ①	08 ①	09 ④	10 ③
11 ①	12 ①	13 ②	14 ③	15 ④
16 ①	17 ③	18 ④	19 ③	20 ④
21 ①	22 ②	23 ②	24 ③	25 ④
26 ④	27 ①	28 ①	29 ①	30 ②
31 ④	32 ②	33 ②	34 ④	35 ①
36 ④	37 ①	38 ①	39 ③	40 ③
41 ①	42 ③	43 ④	44 ②	45 ④
46 ④	47 ②	48 ③	49 ④	50 ③
51 ②	52 ④	53 ④	54 ③	55 ①
56 ③	57 ③	58 ④	59 ①	60 ①

최신 기출문제 02회

01 ①	02 ④	03 ④	04 ③	05 ④
06 ④	07 ②	08 ②	09 ③	10 ②
11 ①	12 ①	13 ①	14 ①	15 ②
16 ③	17 ③	18 ④	19 ①	20 ④
21 ③	22 ③	23 ①	24 ①	25 ②
26 ②	27 ①	28 ②	29 ③	30 ②
31 ①	32 ②	33 ②	34 ④	35 ②
36 ①	37 ④	38 ④	39 ③	40 ④
41 ③	42 ①	43 ③	44 ④	45 ①
46 ③	47 ②	48 ②	49 ③	50 ④
51 ④	52 ②	53 ④	54 ②	55 ②
56 ②	57 ①	58 ④	59 ④	60 ④

최신 기출문제 05회

01 ①	02 ④	03 ④	04 ①	05 ①
06 ②	07 ①	08 ④	09 ④	10 ④
11 ①	12 ④	13 ①	14 ③	15 ①
16 ①	17 ③	18 ②	19 ③	20 ①
21 ④	22 ③	23 ③	24 ②	25 ①
26 ②	27 ④	28 ③	29 ④	30 ④
31 ④	32 ④	33 ③	34 ①	35 ②
36 ②	37 ③	38 ②	39 ②	40 ③
41 ①	42 ③	43 ②	44 ①	45 ①
46 ③	47 ④	48 ④	49 ②	50 ①
51 ④	52 ①	53 ④	54 ③	55 ②
56 ④	57 ③	58 ②	59 ④	60 ④

최신 기출문제 03회

01 ②	02 ①	03 ①	04 ①	05 ①
06 ①	07 ①	08 ④	09 ①	10 ②
11 ④	12 ②	13 ④	14 ①	15 ④
16 ③	17 ④	18 ②	19 ④	20 ④
21 ②	22 ②	23 ④	24 ③	25 ①
26 ②	27 ③	28 ④	29 ③	30 ③
31 ①	32 ②	33 ②	34 ①	35 ④
36 ③	37 ③	38 ③	39 ①	40 ④
41 ③	42 ①	43 ①	44 ③	45 ②
46 ①	47 ③	48 ②	49 ①	50 ②
51 ③	52 ②	53 ④	54 ④	55 ①
56 ③	57 ④	58 ②	59 ②	60 ①

최신 기출문제 01회

2-22p

01 ②	02 ①	03 ④	04 ①	05 ③
06 ②	07 ①	08 ②	09 ③	10 ④
11 ④	12 ④	13 ②	14 ①	15 ②
16 ③	17 ③	18 ②	19 ④	20 ①
21 ①	22 ①	23 ④	24 ③	25 ④
26 ①	27 ①	28 ③	29 ③	30 ③
31 ④	32 ④	33 ④	34 ③	35 ④
36 ②	37 ①	38 ③	39 ④	40 ②
41 ③	42 ②	43 ①	44 ④	45 ④
46 ②	47 ③	48 ②	49 ②	50 ③
51 ②	52 ③	53 ④	54 ②	55 ④
56 ④	57 ④	58 ④	59 ③	60 ④

01 ②

DMA(Direct Memory Access) : CPU의 간섭 없이 주기억 장치와 입출력 장치 사이에서 직접 전송이 이루어지는 방법으로 DMA 방식에 의한 입출력은 CPU의 레지스터를 경유하지 않고 전송함

02 ①

연산 장치(ALU; Arithmetic & Logic Unit) : 산술적인 연산과 논리적인 연산을 담당하는 장치

03 ④

플래그 레지스터(Flag Register) : 순서 제어를 위한 레지스터로 산술 연산 장치와 제어 논리 장치에서 사용됨

오답 피하기

- 누산기(Accumulator) : 연산기의 입출력 데이터(산술 연산 및 논리 연산의 결과)를 일시적으로 기억하는 연산용 레지스터
- 프로그램 상태 워드(Program Status Word) : 프로그램 상태 워드로 CPU의 작동을 제어하기 위한 기본적인 제어 정보
- 명령 레지스터(Instruction Register) : 현재 수행 중인 명령어를 기억하는 레지스터

04 ①

간접 번지 지정(Indirect Addressing) 방식은 명령어의 주소 부분으로 지정한 기억 장소의 내용이 실제 데이터가 있는 곳의 주소로 사용되며 메모리 참조 횟수가 2회 이상임

오답 피하기

- 절대 지정 방식 : 기억 장치 고유의 번지로, 16진수로 0, 1, 2, 3,…과 같이 순서대로 정해 놓은 번지임
- 상대 지정 방식 : 프로그램 카운터(PC)와 주소 부분의 값을 더해서 주소를 지정하는 방식

05 ③

JK 플립플롭 : J=K=1이 되면 보수(반전), J=K=0이면 전 상태 불변

J	K	$Q_{(t+1)}$
0	0	전 상태 불변
0	1	0
1	0	1
1	1	전 상태 반전

06 ②

- 2의 보수=1의 보수+1
- 10001010 → 01110101(1의 보수) + 1 → 01110110

07 ①

메이저 스테이트에서 명령 사이클 : 인출 사이클(Fetch Cycle), 간접 사이클(Indirect Cycle), 실행 사이클(Execute Cycle), 인터럽트 사이클(Interrupt Cycle)

08 ②

- 중앙 처리 장치는 연산 장치와 제어 장치로 구성되며 포괄적인 개념에서 주기억 장치를 포함하기도 함
- 제어 장치에서 제어 신호를 내보내며, 연산 장치에서 데이터의 연산이 이루어진 후 그 결과를 주기억 장치로 보냄

09 ③

비수치적 연산 : 논리적 연산에 사용되는 연산으로 그 종류는 Shift, Rotate, Move, AND, OR, NOT(COMPLEMENT) 등이 있음

오답 피하기

수치적 연산 : 수치적 연산에 사용되는 연산으로 그 종류는 사칙 연산, 산술적 Shift 등이 있음

10 ④

NAND 게이트 : 두 수 중 하나 이상 0이 입력될 때만 1이 출력(AND 결과의 부정)

오답 피하기

- AND 게이트 : 두 개의 입력값이 모두 1일 때만 출력값이 1이 됨(직렬 회로)
- OR 게이트 : 두 개의 입력값 중 하나 이상 1이면 출력값이 1이 됨(병렬 회로)
- NOR 게이트 : 두 수 모두 0이 입력될 때만 1이 출력(OR 결과의 부정)

11 ④

$A \cdot (A \cdot B + C)$
$= A \cdot A \cdot B + A \cdot C$
$= A \cdot B + A \cdot C$
$= A \cdot (B + C)$

12 ④

채널은 제어 장치에서 명령을 받아 입력과 출력에 관한 명령을 해독, 각 입출력 장치에 해독된 명령의 실행을 지시, 지시된 명령의 실행 상황을 제어함

13 ②

멀티플렉서(MUX; Multiplexer) : 2^n개의 입력을 받아 하나의 출력선으로 정보를 출력하는 논리 회로

14 ①

연산자(OP–Code)의 기능 : 함수 연산 기능, 전달 기능, 제어 기능, 입 · 출력 기능 등

15 ②

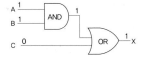

16 ③

로더(Loader)의 기능은 할당(Allocation), 연결(Linking), 적재(Loading), 재배치(Relocation) 등이 있음

오답 피하기

컴파일러(Compiler) : 고급 언어를 기계어로 번역하는 프로그램(FORTRAN, COBOL, PL/1, PASCAL, C 언어 등)으로 전체를 한 번에 번역

17 ③

상태 레지스터(Status Register) : 현재 상태를 나타내는 레지스터, 각 비트별로 조건을 할당, PSW(Program Status Word)라고도 함

오답 피하기

• 가산기(Adder) : 누산기와 데이터 레지스터의 값을 더하여 누산기에 저장
• 기억 레지스터(MBR; Memory Buffer Register) : 기억 버퍼 레지스터로 기억 장치를 통해 접근되는 정보의 내용을 기억하는 레지스터
• 보수기(Complement) : 뺄셈이나 나눗셈 연산을 위해 보수로 바꾸어 가산하는 장치

18 ②

EBCDIC코드(Extended BCD Interchange Code : 확장 2진화 10진 코드) : Zone은 4비트, Digit는 4비트로 구성, 8비트로 2^8=256가지의 표현이 가능, 확장된 BCD 코드로 대형 컴퓨터에서 사용되는 범용 코드

19 ④

입력 장치 : 키보드, OCR, OMR, MICR, 마우스 등

오답 피하기

출력 장치 : 라인 프린터, 플로터, 모니터 등

20 ①

부호화 절대치 : 최상위 1비트를 양수는 0, 음수는 1로 표현(1000)하고 나머지 비트는 절대치로 표현(13 : 1101)

21 ①

매크로(Macro) : 자주 사용하는 명령, 반복적인 작업 등을 기록하여 해당 작업이 필요할 때마다 바로 가기 키나 실행 단추를 눌러 쉽고, 빠르게 작업을 수행하는 기능

오답 피하기

• 정렬(Sort) : 문자 목록의 데이터를 특정 필드의 크기 순서에 따라 재배열하는 기능
• 필터(Filter) : 사용자가 설정하는 특정 조건을 만족하는 자료만 검색, 추출하는 기능

22 ①

필터(Filter) : 사용자가 설정하는 특정 조건을 만족하는 자료만 검색, 추출하는 기능

오답 피하기

• 슬라이드(쪽) : 프레젠테이션에서 화면 전체를 전환하는 단위
• 셀(Cell) : 스프레드시트의 기본 입력 단위로 행과 열이 만나서 이루는 사각형
• 개요 : 시나리오에 의한 프레젠테이션의 줄거리로 전체 슬라이드의 문자열 내용을 의미함

23 ④

도메인(Domain) : 애트리뷰트가 취할 수 있는 값(Value)들의 집합

24 ③

• ORDER BY : 검색 결과에 대한 정렬을 수행
• ASC : 오름차순을 의미하며, 생략하면 기본적으로 오름차순
• DESC : 내림차순을 의미

25 ④

CREATE : 정의, ALTER : 변경, DROP : 제거

26 ①

슬라이드(쪽) : 프레젠테이션에서 화면 전체를 전환하는 단위, 프레젠테이션을 구성하는 내용을 하나의 화면 단위로 나타낸 것

오답 피하기

개체(Object) : 슬라이드를 구성하는 그림이나 도형 등의 개개의 요소를 의미함

27 ①

DBMS의 필수 기능 : 정의 기능, 조작 기능, 제어 기능

28 ③

차수(Degree) : 한 릴레이션(테이블)에서 속성(필드=열)의 개수 예 4개(성명, 주소, 학교명, 성별)

오답 피하기

• 카디널리티(Cardinality) : 기수라고도 하며 한 릴레이션(테이블)에서의 튜플의 개수를 의미함
• 릴레이션(Relation) : 관계형 데이터베이스에서 2차원 형태의 가로, 세로 즉 행과 열의 형태로 나타내는 저장소를 의미하며 테이블(Table)이라고도 함

29 ②

데이터 정의 언어(DDL) : 데이터를 입력하기 위한 테이블의 정의나 정보를 참조하기 위한 뷰를 정의하기 위한 언어(CREATE, ALTER, DROP)

오답 피하기

데이터 조작 언어(DML) : 테이블 내의 레코드를 검색(SELECT), 삽입(INSERT), 갱신(UPDATE), 삭제(DELETE)하고자 할 때 사용하는 데이터 조작 언어

30 ③

DBMS(Data Base Management System) : 데이터 처리를 위해 중복을 최소화하여 공동으로 사용할 수 있도록 한 데이터의 연관 관계 모임

31 ④

버퍼링 : 한 작업에 대한 입출력 및 연산을 수행

32 ④

F8 : "Config.sys" 파일과 "Autoexec.bat" 파일의 수행을 사용자가 선택 실행

33 ④

프로그램 편집기 : vi, ed, ex, emacs 등

34 ③

에이징(Aging) 기법 : 자원이 할당되기를 오랜 시간 동안 기다린 프로세스에 대하여 기다린 시간에 비례하는 높은 우선순위를 부여하여 가까운 시간 안에 자원이 할당되도록 하는 기법으로 우선순위 스케줄링의 무한 봉쇄를 방지할 수 있음

35 ②

Deadlock(교착 상태) : 작업을 완료하기 위해 필요한 자원을 얻기 위하여 처리의 진행을 불가능하게 만든 다른 같은 그룹의 처리기가 남은 자원을 기다리는 결과로서 처리 그룹이 무한정 대기하는 상황

36 ②

- 비선점형(Non-Preemptive) 기법 : 특정한 프로세스의 작업이 끝날 때까지 CPU를 독점하는 방법
- 종류 : FIFO, 우선순위(Priority), SJF, HRN

오답 피하기

선점형(Preemptive) 기법 : RR, SRT, MFQ(다단계 피드백 큐)

37 ①

바로 가기 아이콘을 삭제해도 원본 데이터는 삭제되지 않음

38 ③

스래싱(Thrashing) : 페이지 부재가 자주 일어남으로써 프로그램 실행 시간보다 페이지 이동에 걸리는 시간이 많은 비중을 차지하므로 CPU의 효율과 시스템 전체의 성능이 저하됨

39 ④

감춤(Hidden) 속성의 파일
- IO.SYS : MSDOS.SYS의 입출력 요구에 따른 실제적인 입출력을 수행
- MSDOS.SYS : 파일의 입출력, 시스템 호출을 담당하며 파일 관리, 메모리 관리, 프로세서 관리, 하드웨어를 담당함

40 ②

P&P : 운영체제가 주변 기기를 자동으로 인식하는 것임

41 ③

XCOPY는 외부 명령어로써 다양한 옵션을 이용해 파일, 디렉터리, 서브 디렉터리까지 복사할 수 있음

42 ②

LRU(Least Recently Used) : 가장 오랫동안 사용되지 않은 페이지를 교체할 페이지로 선택하는 기법

43 ①

mount : 각 장치와 파일 시스템을 연결하거나 기존 파일 시스템에 새로운 파일 시스템을 서브 디렉터리에 연결할 때 사용

오답 피하기

- mkfs : 파일 시스템 생성
- fsck : 파일 시스템의 오류 여부를 검사(무결성 검사)
- chmod : 파일이나 디렉터리에 대한 접근 허가 모드 변경

44 ④

touch : 파일의 용량이 0Byte인 빈 파일을 생성(파일이나 디렉터리가 존재하지 않을 때)

오답 피하기

- file : 파일의 종류 및 속성값 표시
- locate : 파일의 위치를 검색
- find : 조건으로 파일을 검색하여 경로를 표시

45 ④

운영체제(OS; Operating System) : 컴퓨터와 응용 프로그램, 컴퓨터와 사용자 간의 인터페이스 역할을 담당

46 ②

XCOPY : 많은 파일을 빠르게 복사하고 하위 디렉터리 내의 파일 및 디렉터리 구조까지 복사

오답 피하기

- COPY : 파일 복사
- FDISK : 하드 디스크 파티션의 논리적 분할과 삭제 작업을 수행
- SORT : 내용을 정렬하고 결과를 화면 또는 파일 형태로 출력

47 ③

- c shell : %
- korn shell
- bourne shell : $

48 ②

실시간 운영체제는(Real-time Operating Systems) 주로 컴퓨터 시스템 외부에서 이루어지는 대부분의 작업으로 짧은 시간이나 특정 기한 내에 처리되어야 하는 환경에서 사용됨

49 ②

- 멀티태스킹 : 한 사람의 사용자가 한 대의 컴퓨터로 2가지 이상의 작업을 동시에 처리하거나, 2가지 이상의 프로그램들을 동시에 실행시키는 것
- 멀티프로그래밍 : 2개 이상의 프로그램을 주기억 장치에 기억시키고, 중앙 처리 장치(CPU)를 번갈아 사용하면서 처리하여 컴퓨터 자원을 최대로 활용하는 처리 기법

50 ③

처리 프로그램 : 언어 번역, 서비스, 문제 처리 프로그램

오답 피하기

제어 프로그램 : 감시, 작업 관리, 데이터 관리 프로그램

51 ②

리모트 배치 터미널(Remote Batch Terminal) : 중앙 처리 장치와 떨어진 원거리에서 일정시간, 일정량의 작업을 모아 한꺼번에 처리가 가능한 단말기

52 ③

통신 제어 장치(Communication Control Unit) : 데이터 전송 회선과 컴퓨터 사이를 연결하고 통신 회선과 중앙 처리 장치를 결합하여 데이터의 송·수신 및 회선 접속, 전송 에러를 제어함

53 ④

BPS(Bit Per Second) : 1초당 전송되는 비트의 수

54 ②

스타(Star)형 : 중앙에 컴퓨터와 단말기들이 1 : 1로 연결되어 있는 형태, 네트워크 구성의 가장 기본적인 형태, 모든 통신 제어는 중앙의 컴퓨터에 의해 행해지는 중앙 집중 방식

55 ④

광섬유 케이블(Optical Fiber Cable) : 규소(SiO_2)을 주재료로 하며 빛의 반사 현상을 이용, 온도 변화에 안정적이며 신뢰성이 높고 에러 발생률이 가장 낮음

56 ④

응용 계층 : 사용자 인터페이스를 제공하며 전자우편(SMTP), 원격 파일 접근과 전송(FTP), 공유 데이터베이스 관리 및 여러 종류의 응용 프로그램 서비스를 제공하는 계층

57 ④

정보 통신 교환망 : 메시지 교환망, 패킷 교환망, 회선 교환망

58 ④

모뎀(MODEM, 변복조기) : 변조(Modulation)와 복조(DEModulation)의 합성어로 변조는 디지털 신호를 아날로그 신호로 변환하는 과정, 복조는 아날로그 신호를 디지털 신호로 변환하는 과정을 의미함

59 ③

광섬유 케이블(Optical Fiber Cable) : 온도 변화에 안정적이며 신뢰성이 높고 에러 발생률이 가장 낮음, 전력 유도나 전자 유도에 영향을 받지 않으므로 잡음이나 누화가 거의 없고 신호 감쇠 현상이 적음

60 ④

• 의미(Semantics) : 개체(Entity) 간의 협조 사항과 에러 관리를 위한 제어 정보를 포함
• 구문(Syntax) : 데이터 형식(Format), 신호 레벨(Signal Level), 부호화 (Coding) 등을 포함
• 순서(Timing) : 통신 속도 조정 및 메시지 순서 제어 등을 포함

---

01 ①	02 ④	03 ④	04 ③	05 ④
06 ④	07 ②	08 ②	09 ③	10 ②
11 ①	12 ①	13 ①	14 ①	15 ②
16 ③	17 ③	18 ④	19 ①	20 ④
21 ②	22 ③	23 ①	24 ①	25 ②
26 ②	27 ①	28 ②	29 ③	30 ②
31 ①	32 ②	33 ②	34 ④	35 ②
36 ①	37 ④	38 ④	39 ③	40 ④
41 ③	42 ①	43 ③	44 ③	45 ①
46 ③	47 ②	48 ②	49 ③	50 ④
51 ④	52 ②	53 ④	54 ②	55 ④
56 ②	57 ①	58 ④	59 ④	60 ④

01 ①

DMA(Direct Memory Access) : CPU의 간섭 없이 주기억 장치와 입출력 장치 사이에서 직접 전송이 이루어지는 방법으로 DMA 방식에 의한 입출력은 CPU의 레지스터를 경유하지 않고 전송, 고속으로 대량의 데이터를 전송함

02 ④

순차 접근 기억 장치(SASD; Sequential Access Storage Device) : 순차 접근만 가능한 기억 장치로 자기 테이프(Magnetic Tape)가 순차 접근 기억 장치에 해당함

오답 피하기

직접 접근 기억 장치(DASD; Direct Access Storage Device) : 데이터의 저장 위치와 관계없이 직접 접근이 가능한 기억 장치로 RAM이나 자기 디스크(Magnetic Disk), 자기 드럼(Magnetic Drum), 자기 코어(Magnetic Core) 기억 장치가 이에 속함

03 ④

$2 \times 16^1 + C(12) \times 16^0 = 32 + 12 = 44$

04 ③

프로그램 카운터(PC : Program Counter) : 다음에 수행할 명령어의 번지를 기억

오답 피하기

• 현재 실행 중인 명령어의 내용을 기억 → IR
• 주기억 장치의 번지를 기억 → MAR
• 연산의 결과를 일시적으로 보관 → ACC

05 ④

캐시 메모리(Cache Memory) : CPU와 주기억 장치 사이에 있는 고속의 버퍼 메모리로 자주 참조되는 데이터나 프로그램을 메모리에 저장, 메모리 접근 시간을 감소시키기 위한 목적으로 사용됨

06 ④

RISC(Reduced Instruction Set Computer) : 주소 지정 모드와 명령어의 종류가 적으며, 하드웨어나 마이크로 코드 방식으로 구현하므로 프로그래밍이 어려우나 모든 명령어를 1사이클에 실행

07 ②

직접 주소 지정(Direct Addressing) : 주소 부분에 있는 값이 실제 데이터가 있는 주기억 장치 내의 주소를 나타냄

08 ②

간접 주소(Indirect Address) : 메모리 참조 횟수가 2회 이상이며 명령어의 주소 부분으로 지정한 기억 장소의 내용이 실제 데이터가 있는 곳의 주소로 사용됨

09 ③

어드레스(Address) : 주기억 장치에서 기억 장치의 지정은 주소(Address)에 의해 이루어지며 기억 장치 내의 주소를 기억하는 레지스터를 주소 레지스터(Address Register)라 함

> **오답 피하기**
> • 레코드(Record) : 하나 이상의 필드들이 모여서 구성된 자료 처리 단위
> • 블록(Block) : 논리 레코드를 블록킹하여 블록(물리 레코드)이 됨
> • 필드(Field) : 파일 구성의 최소 단위로 항목(Item)이라고도 함

10 ②

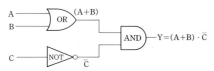

$$Y = (A+B) \cdot \bar{C}$$

11 ①

인코더(Encoder) : 2^n개의 입력을 받아들여 n개의 데이터를 출력하는 장치로, OR 게이트로 구성되며 부호기라고 함

12 ①

상태 레지스터 : 현재 상태를 나타내는 레지스터로 비트별로 조건을 할당, PSW(Program Status Word)라고도 함

> **오답 피하기**
> • 데이터 레지스터(Data Register) : 연산에 사용되는 데이터의 일시적인 저장을 위해 사용
> • 명령 레지스터(IR; Instruction Register) : 현재 수행 중인 명령어의 내용을 기억
> • 인덱스 레지스터(Index Register) : 인덱스 주소 지정 시 사용되는 레지스터

13 ①

16진수 4CD를 2진수로 변환한 다음 다시 8진수로 변환하기 위해 뒤에서 3자리씩 끊어서 2진수로 나타냄
4CD → 0100 1100 1101 → 010 011 001 101 → 2315

14 ①

버퍼(Buffer) : 장치 간의 속도차를 해결하기 위한 것으로 읽거나 기록한 데이터를 일시적으로 기억할 수 있고 장치와 장치 간의 시간과 흐름의 차이를 위해 사용되는 레지스터를 버퍼 레지스터(Buffer Register)라 함

15 ②

버스 시스템(Bus System) : 연산 장치와 제어 장치 사이에 자료를 주고받는 지시 신호의 전달이 가능한 통로

16 ③

두 개의 입력 스위치가 직렬로 연결되어 있어 둘 다 ON(1)되어 있으면 불이 켜짐(AND : 직렬 연결), 따라서 A = 1, B = 1이 됨

17 ③

2의 보수는 "1의 보수+1"이므로 −14에 해당하는 1000 1110을 1의 보수로 변환한 다음 1을 더함
1000 1110 → 1111 0001(첫 번째 부호 비트를 제외한 나머지를 1은 0으로 0은 1로 변환 후 1을 더함) → 1111 0010

18 ④

A+A=A(합의 법칙)

19 ①

명령어의 구성 : 명령 코드부(OP−Code)와 번지부(Operand)로 구성

20 ④

명령어 설계 시 복잡한 명령어 세트에 대한 부분은 고려 대상에 해당되지 않음

21 ③

INSERT(삽입문)는 테이블에 새로운 데이터(행)를 삽입하며 INSERT−INTO−VALUES의 유형을 가짐

22 ③

DBMS의 필수 기능 : 정의 기능, 조작 기능, 제어 기능

23 ①

DROP : 데이터베이스, 테이블, 뷰 등의 삭제

24 ①

셀(Cell) : 스프레드시트의 기본 입력 단위로 행과 열이 만나서 이루는 사각형

25 ②

데이터 조작 언어(DML) : 테이블 내의 레코드를 검색(SELECT), 삽입(INSERT), 갱신(UPDATE), 삭제(DELETE)하고자 할 때 사용하는 데이터 조작 언어

26 ②

스키마(Schema) : 데이터베이스를 구성하는 파일, 레코드, 항목의 형식과 상호 관계 전체를 정의한 것으로 외부 스키마, 개념 스키마, 내부 스키마가 있음

27 ①

도메인(Domain) : 애트리뷰트가 취할 수 있는 값(Value)들의 집합

> **오답 피하기**
> • 차수(Degree) : 한 릴레이션(테이블)에서 속성(필드=열)의 개수 **예** 4개(성명, 주소, 학교명, 성별)
> • 널(Null) : 아무것도 없다는 의미, 값 자체가 존재하지 않음
> • 튜플(Tuple) : 테이블에서 행을 나타내는 말로 레코드와 같은 의미임

28 ②

필터(Filter) : 사용자가 설정하는 특정 조건을 만족하는 자료만 검색, 추출하는 기능

29 ③

슬라이드(쪽) : 프레젠테이션에서 화면 전체를 전환하는 단위

오답 피하기

• 셀(Cell) : 스프레드시트의 기본 입력 단위로 행과 열이 만나서 이루는 사각형
• 개체(Object) : 슬라이드를 구성하는 그림이나 도형 등의 개개의 요소를 의미함
• 시나리오 : 프레젠테이션에서 프레젠테이션의 흐름을 기획한 것

30 ②

SELECT(검색문)

• 검색문으로 테이블에서 데이터를 검색하며 SELECT–FROM–WHERE의 유형을 가짐
• 형식 : SELECT 열 리스트 FROM 테이블 리스트
• * : 전체 레코드의 모든 필드를 의미)

31 ①

FDISK : 하드 디스크 파티션의 논리적 분할과 삭제 작업을 수행

오답 피하기

• CHKDSK : 디스크의 상태를 점검하고 손상된 부분을 복구
• FORMAT : 디스크에 데이터 저장이 가능하도록 트랙(Track)과 섹터(Sector)를 형성하여 초기화 작업을 수행
• SCANDISK : 하드 디스크상의 심각하지 않은 사소한 오류의 수정이 가능한 프로그램

32 ②

cat : 파일의 내용 표시

오답 피하기

• rm : 파일 삭제 명령
• mv : 파일 및 디렉터리 이동 또는 이름 변경
• type : DOS 명령으로 파일의 내용 표시

33 ②

ps : 프로세스 상태 보기

오답 피하기

• ls : 지정한 디렉터리의 파일을 보여줌
• cp : 파일 복사 명령

34 ④

Shift + Delete 나 Shift 를 누른 다음 해당 파일을 휴지통으로 드래그하면 완전 삭제가 됨

오답 피하기

• [휴지통]의 크기에 대한 초기 설정은 하드 디스크의 10%임
• [휴지통]에 있는 파일들은 디스크의 공간을 차지함
• [휴지통]에 있는 파일들은 자동으로 삭제되지 않으며 휴지통 비우기를 해야 됨

35 ②

RS–232C 커넥터 주요 핀의 기능

핀 번호	핀 이름	기능
4	RTS (Request To Send)	송신 요청, DTE에서 DCE에게 송신을 요청하는 기능
5	CTS (Clear To Send)	송신 준비 완료, DCE에서 DTE에게 송신 준비 완료를 알리는 기능
6	DSR (Data Set Ready)	DCE의 동작 상태, ON : 동작, OFF : 동작 안 함
7	SG(Signal Ground)	신호 접지

36 ①

Bootstrap : 컴퓨터가 시작될 때 사용되는 용어로 특히, 디스크로부터 운영체제가 적재될 때를 의미

37 ④

부팅 시 필요한 시스템 파일 : MSDOS.SYS / IO.SYS / COMMAND.COM

오답 피하기

CONFIG.SYS : 환경 설정 파일로 부팅 시 반드시 필요한 파일이 아님

38 ④

Operating System(운영체제) : 컴퓨터 하드웨어와 컴퓨터 사용자 간의 중간 인터페이스 역할을 하는 프로그램

39 ③

스풀이라고 하며 인쇄를 하면서 다른 작업을 병행할 수 있는 병행 처리 기법으로 인쇄 속도는 스풀이 설정되기 전보다 느려질 수 있음

40 ④

운영체제의 성능 평가 요인 : 응답 시간 단축, 처리 능력 증대, 신뢰도 향상, 사용 가능도 증대

41 ③

find : 조건으로 파일을 검색하여 경로를 표시

42 ①

부팅(Booting) : 컴퓨터의 시동을 위해 DOS 프로그램을 주기억 장치로 적재(Loading)시켜 사용자가 컴퓨터를 사용할 수 있는 상태로 만드는 과정

43 ③

바로 가기 아이콘은 자주 사용하는 문서나 프로그램을 빠르게 실행시키기 위한 아이콘으로, 실제 실행 파일과 연결되며, 바로 가기 아이콘을 삭제해도 원본 파일은 삭제되지 않음

44 ③

작업 표시줄 여백에 마우스 포인터를 위치시키고 마우스의 오른쪽 버튼을 눌러 속성을 볼 수 있음

45 ①

Alt + Print Screen : 현재 사용 중인 창을 클립보드에 복사

46 ③

df : 디스크의 사용량을 표시, 사용 가능한 용량을 알 수 있음

47 ②

단편화(Fragmentation) : 프로그램의 추가/제거, 파일들이 수정되거나 읽기/쓰기가 반복되면서 디스크에 비연속적으로 분산되어 저장되는 것

48 ②

UNDELETE : 삭제했던 파일을 복구

오답 피하기

- DEL : 파일 삭제
- BACKUP : 파일 손상에 대비한 데이터의 복사

49 ③

드래그 앤 드롭(Drag & Drop) : 파일이나 폴더의 이동이나 복사, 창 크기 조절 시 사용하는 기능

오답 피하기

- 클릭(Click) : 마우스 왼쪽 단추를 한 번 누르는 것으로 항목을 선택할 때 사용
- 더블클릭(Double Click) : 마우스 왼쪽 단추를 빠르게 연속적으로 누르는 것으로 선택 항목을 열거나 프로그램을 실행하고자 할 때 사용
- 오른쪽 단추 누르기 : 선택한 항목의 단축 메뉴를 열어줌

50 ④

옵션	내용
R(Read Only)	읽기 전용 파일 속성
A(Archive)	저장 속성
S(System)	시스템 파일 속성
H(Hidden)	숨김 파일 속성

- + : 설정, − : 해제

51 ④

다원 접속 방법 : 주파수 분할 다원 접속, 시분할 다원 접속, 코드 분할 다원 접속, 공간 분할 다원 접속

52 ②

통신속도(Baud)=1/최단 부호 펄스의 시간, 즉 B=1/T에서 B=50, 50=1/T이므로 T=0.02초임

53 ④

정보 통신 시스템의 4대 구성 요소 : 단말 장치, 전송 회선, 통신 제어 장치, CPU

54 ②

비동기식(Asynchronous Transmission) 전송 : 한 문자 단위(5~8비트)로 전송하는 방식, 주파수 편이 변조(FSK)를 사용

55 ②

OFDM(Orthogonal Frequency Division Multiplexing) : 직교 주파수 분할 다중 전송 방식으로 여러 개의 분할된 반송파를 이용하여 다중화하는 방식임

56 ②

전송 과정 : 아날로그 데이터 – 표본화 – 양자화 – 부호화 – 복호화 – 여과 – 아날로그 데이터

57 ①

BPS(Bit Per Second) : 1초당 전송되는 비트의 수

58 ④

디지털 데이터의 아날로그 부호화

- 진폭 편이 변조(ASK; Amplitude Shift Keying) : 2진수 0과 1에 서로 다른 진폭을 적용하여 변조
- 주파수 편이 변조(FSK; Frequency Shift Keying) : 2진수 0과 1에 서로 다른 주파수를 적용하여 변조
- 위상 편이 변조(PSK; Phase Shift Keying) : 2진수 0과 1에 서로 다른 위상을 적용하여 전송
- 진폭 위상 변조(QAM; Quadrature Amplitude Modulation) : 2진수 0과 1에 진폭과 위상을 변조하여 전송

59 ④

도플러 효과(Doppler Effect) : 소리의 고저가 고유 본래의 음과 다르게 들리는 현상으로 음원의 움직임이 그 요인으로 작용하는 효과

60 ④

시분할 다중화기(TDM; Time Division Multiplexer) : 여러 회선의 음성 정보를 작은 시간으로 나누어 고속의 전송로로 보냄, 디지털 전송에 적합, PCM 방식이 요구됨, 고속 전송이 가능, 포인트 투 포인트 방식에 주로 사용 등

01 ②	02 ①	03 ①	04 ①	05 ①
06 ①	07 ①	08 ④	09 ①	10 ②
11 ④	12 ②	13 ④	14 ①	15 ④
16 ③	17 ④	18 ②	19 ④	20 ④
21 ②	22 ②	23 ④	24 ①	25 ①
26 ②	27 ②	28 ④	29 ①	30 ③
31 ①	32 ③	33 ②	34 ①	35 ④
36 ③	37 ③	38 ③	39 ①	40 ④
41 ③	42 ①	43 ①	44 ①	45 ②
46 ①	47 ③	48 ②	49 ①	50 ②
51 ③	52 ②	53 ④	54 ④	55 ①
56 ③	57 ④	58 ②	59 ②	60 ①

01 ②

명령 레지스터(IR; Instruction Register) : 현재 수행 중인 명령어의 내용을 기억

오답 피하기

- 인덱스 레지스터(Index Register) : 인덱스 주소 지정 시 사용되는 레지스터
- 누산기(ACCumulator) : 산술 및 논리 연산의 결과를 일시적으로 기억

02 ①

RISC(Reduced Instruction Set Computer)

- 명령어 축약형 CPU, 주소 지정 모드와 명령어의 종류가 적음, LOAD와 STORE로 메모리 접근
- 프로그래밍이 어려우나 처리 속도가 빠름, 고성능의 워크스테이션이나 그래픽용 컴퓨터에서 사용

오답 피하기

CISC(Complex Instruction Set Computer)

- 명령어가 많으며 여러 주소 지정 모드를 지원, 프로그래밍이 용이하나 처리 속도가 느림
- 전력 소모가 많고 생산 가격이 비싸며 설계와 구현 시 많은 시간이 필요

03 ①

시프트 레지스터(Shift Register) : 레지스터에 저장된 내용을 비트 단위로 좌우로 이동시켜 곱셈과 나눗셈을 연산하는데 응용된 레지스터

오답 피하기

- 범용 레지스터(General Purpose Register) : 다목적으로 사용되는 레지스터
- 베이스 레지스터(Base Register) : 유효 번지를 절대적으로 계산할 때 사용
- 인덱스 레지스터(Index Register) : 유효 번지를 상대적으로 계산할 때 사용

04 ①

마이크로프로세서(Microprocessor) : CPU(중앙 처리 장치)의 기능을 수행하기 위하여 만든 고밀도 집적 회로(LSI)로 연산 장치, 제어 장치, 레지스터로 구성

오답 피하기

- 컴파일러(Compiler) : 고급 언어를 기계어로 번역하는 프로그램 (FORTRAN, COBOL, PL/1, PASCAL, C 언어 등)으로 전체를 한 번에 번역
- 소프트웨어(Software) : 인간의 정신(두뇌)에 해당하는 역할을 담당, 시스템 소프트웨어와 응용 소프트웨어로 구성됨
- 레지스터(Register) : 중앙 처리 장치 내의 고속 임시 기억 장치로, 레지스터(Register) 내로 새로운 자료(Data)를 읽어 들이면 레지스터의 이전 내용이 지워짐

05 ①

프로그램 카운터(PC; Program Counter) : 다음에 수행할 명령어의 번지를 기억

오답 피하기

- 번지 레지스터(MAR; Memory Address Register) : 주기억 장치의 번지를 기억
- 명령 레지스터(IR; Instruction Register) : 현재 수행 중인 명령어의 내용을 기억

06 ①

Exclusive-OR : 둘 중 하나의 값이 1일 때만(서로 다를 때) 출력값이 1이 되는 연산

07 ①

$1\times2^{11}+0\times2^{10}+1\times2^9+0\times2^8+1\times2^7+0\times2^6+1\times2^5+0\times2^4+1\times2^3+0\times2^2+1\times2^1+0\times2^0$

→ 2048+0+512+0+128+0+32+0+8+0+2+0=2730

08 ④

두 수 모두 0이 입력될 때만 1이 출력(OR 결과의 부정) → NOR 게이트의 진리표이므로 논리식은 $Y=\overline{A+B}=\overline{A}\cdot\overline{B}$가 됨

09 ①

0 주소 형식(=스택 구조)

- 명령어에 오퍼랜드부가 없이 데이터가 명령어 자체에 있는 방식
- 스택(Stack) 구조의 컴퓨터에서 사용(번지가 묵시적으로 지정)

오답 피하기

- Graph : 정점과 그 관계를 나타내는 간선으로 이루어진 것을 그림으로 표시한 것
- Queue : 한쪽 끝으로는 삽입만 다른 한쪽으로는 삭제만 수행되며 가장 먼저 들어온 자료가 가장 먼저 제거되는 구조임=FIFO(First In First Out) 구조, SPOOL 운영에 이용
- Deque : 스택과 큐의 복합 형태의 선형 구조

10 ②

8비트로 나타낼 수 있는 정보의 최대 가짓수는 $2^8=256$이 됨

11 ④

연관 기억 장치는 메모리에 기억된 정보를 찾을 때 저장된 내용에 의하여 접근(병렬 탐색 가능)하는 기억 장치로 검색 자료, 마스크 레지스터 및 일치 지시기 등이 필요함

12 ②

상대 주소 지정(Relative Addressing) : 프로그램 카운터(PC)와 주소 부분의 값을 더해서 주소를 지정하는 방식

오답 피하기
- 인덱스 주소 지정(Indexed Addressing) : 인덱스 레지스터 주소 부분의 값을 더해서 주소를 지정하는 방식
- 베이스 주소 지정(Base Addressing) : 베이스 레지스터값과 주소 부분의 값을 더해서 주소를 지정하는 방식
- 절대 주소 지정 : 기억 장치 고유의 번지로서 0, 1, 2, 3과 같이 16진수로 약속하여 순서대로 정해 놓은 번지

13 ④

기억 레지스터(MBR; Memory Buffer Register) : 주기억 장치에서 연산에 필요한 자료를 호출하여 저장

오답 피하기
- 프로그램 카운터(PC; Program Counter) : 다음에 수행할 명령어의 번지를 기억
- 번지 레지스터(MAR; Memory Address Register) : 주기억 장치의 번지를 기억
- 명령 레지스터(IR; Instruction Register) : 현재 수행 중인 명령어의 내용을 기억

14 ①

- 외부 버스의 종류 : 제어 버스, 데이터 버스, 주소 버스 등
- 제어 버스 : 제어 정보를 전송하는 버스
- 데이터 버스 : 자료를 전송하는 버스
- 주소 버스 : 주기억 장치에 주소를 전송하는 버스

15 ④

명령 레지스터는 제어 장치의 레지스터임

오답 피하기
연산 장치는 가산기, 보수기, 누산기, 기억 레지스터, 상태 레지스터, 데이터 레지스터 등으로 구성

16 ③

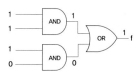

17 ④

약식 주소 표현 방식 : 계산에 의한 주소 방식을 의미하며 주소의 일부분이 생략된 방식으로 레지스터를 이용함

오답 피하기
- 직접 주소 지정(Direct Addressing) : 주소 부분에 있는 값이 실제 데이터가 있는 주기억 장치 내의 주소를 나타냄
- 간접 주소 지정(Indirect Addressing) : 명령어의 주소 부분으로 지정한 기억 장소의 내용이 실제 데이터가 있는 곳의 주소로 사용됨

18 ②

누산기(ACC) : 연산 장치의 핵심 레지스터로서 중간 계산된 결과값을 보관

오답 피하기
- 가산기 : 누산기와 데이터 레지스터의 값을 더하여 누산기에 저장
- 보수기 : 뺄셈이나 나눗셈 연산을 위해 보수로 바꾸어 가산하는 장치
- 감산기 : 컴퓨터에서 2진수를 뺄셈하기 위해 사용되는 논리 회로

19 ④

EBCDIC 코드
- Extended BCD Interchange Code(확장 2진화 10진 코드)
- Zone은 4비트, Digit는 4비트로 구성
- 8비트로 2^8=256가지의 표현이 가능

20 ④

직접 주소 지정(Direct Addressing) : 주소 부분에 있는 값이 실제 데이터가 있는 주기억 장치 내의 주소를 나타냄

오답 피하기
- 상대 주소(Relative Address) : 프로그램 카운터(PC)와 주소 부분의 값을 더해서 주소를 지정하는 방식
- 절대 주소(Absolute Address) : 기억 장치 고유의 번지로서 0, 1, 2, 3과 같이 16진수로 약속하여 순서대로 정해 놓은 번지
- 간접 주소(Indirect Address) : 명령어의 주소 부분으로 지정한 기억 장소의 내용이 실제 데이터가 있는 곳의 주소로 사용됨

21 ②

제어 기능 : 데이터베이스의 내용을 항상 정확하게 유지하여 데이터의 무결성이 파괴되지 않도록 함

오답 피하기
- 정의 기능 : 데이터베이스와 응용 프로그램 간의 상호 작용 수단을 제공하는 것
- 조작 기능 : 데이터베이스와 사용자 간의 상호 작용 수단(데이터 요청, 변경 등)을 제공

22 ②

슬라이드(쪽) : 프레젠테이션에서 화면 전체를 전환하는 단위

오답 피하기
- 셀(Cell) : 스프레드시트에서의 기본 입력 단위
- 시나리오 : 프레젠테이션에서 프레젠테이션의 흐름을 기획한 것
- 매크로(Macro) : 자주 사용하는 명령, 반복적인 작업 등을 매크로로 기록하여 해당 작업이 필요할 때마다 바로 가기 키나 실행 단추를 눌러 쉽고, 빠르게 작업을 수행하는 기능

23 ④

트랜잭션(Transaction) : SQL에서 DataBase에 대한 일련의 처리를 하나로 모은 작업 단위

오답 피하기
- 페이지(Page) : 주기억 장치에서 사용되는 크기가 일정한 데이터 단위
- 디스패치(Dispatch) : 대기 중인 프로세스 중 CPU의 사용 권한을 부여하는 것
- 세그먼테이션(Segmentation) : 세그먼트 기법으로써 가상 기억 장치 관리 기법에 속함

24 ③

스키마(Schema) : 데이터베이스를 구성하는 파일, 레코드, 항목의 형식과 상호 관계 전체를 정의한 것으로 외부 스키마, 개념 스키마, 내부 스키마가 있음

25 ①

데이터베이스 관리자(DBA : Data Base Administrator) : 데이터베이스를 관리하는 책임자, 전체 시스템에 대한 권한을 행사하는 사람

오답 피하기

- 속성(Attribute) : 테이블에서 열을 나타내는 말로 필드와 같은 의미임
- 스키마(Schema) : 데이터베이스를 구성하는 파일, 레코드, 항목의 형식과 상호 관계 전체를 정의하는 것
- 엔티티(Entity) : 데이터베이스에서 사용되는 데이터의 대상이 되는 개체

26 ②

데이터 정의 언어(DDL)

- 데이터를 입력하기 위한 테이블의 정의나 정보를 참조하기 위한 뷰를 정의하기 위한 언어
- CREATE : 데이터베이스, 테이블, 뷰 등의 작성
- ALTER : 데이터베이스, 테이블의 구조 변경
- DROP : 데이터베이스, 테이블, 뷰 등의 삭제

27 ③

CASCADE : 제거 대상의 제거와 함께 이를 참조하는 다른 데이터 객체에 대해서도 제거 작업이 실시됨

28 ④

스프레드시트의 주요 기능

- 데이터의 입력과 수치 데이터의 계산 기능 및 데이터가 변경되면 자동으로 재계산하는 기능
- 차트 작성 기능과 문서 작성 기능이 있음
- 입력 데이터를 이용한 데이터 검색, 정렬, 추출, 분석 등의 데이터베이스 관리 기능

29 ③

모든 열이름을 SELECT 구에 기술하는 번거로움을 덜기 위해 *(애스터리스크)를 사용함

30 ③

셀(Cell) : 스프레드시트의 기본 입력 단위

오답 피하기

필터(Filter) : 사용자가 설정하는 특정 조건을 만족하는 자료만 검색, 추출하는 기능

31 ①

DIR(DIRectory) : 디스크 내의 파일 목록, 파일에 대한 정보, 파일의 수, 파일의 크기, 생성 날짜와 시간, 디스크 정보를 표시해 주는 내부 명령어

오답 피하기

- PROMPT : 프롬프트 설정
- VER : DOS의 버전을 표시
- MD : 디렉터리 생성

32 ②

운영체제(OS; Operating System) : 컴퓨터와 응용 프로그램, 컴퓨터와 사용자 간의 인터페이스 역할을 담당

오답 피하기

- 컴파일러 : 원시 프로그램을 기계어로 번역하는 고급 언어 번역기
- 인터프리터(Interpreter) : 대화식 언어로 작성된 프로그램을 필요할 때 마다 매번 기계어로 번역하여 실행하는 프로그램(BASIC, LISP, SNOBOL, APL 등)으로 행 단위로 번역
- 어셈블러(Assembler) : 어셈블리(Assembly) 언어를 기계어로 번역하는 프로그램

33 ②

SPOOL(Simultaneous Peripheral Operation On Line) : 장치의 이용 효율을 높이기 위해 저속의 입출력 장치의 동작과 중앙 처리 장치의 동작이 동시에 이루어지도록 하는 처리 형태

오답 피하기

- 링킹 : 링커에 의해 목적 프로그램을 실행 가능한 프로그램으로 만드는 과정
- 매크로 : 반복되는 일련의 작업을 저장했다가 필요할 때는 언제든 재사용이 가능하도록 하는 기능
- 컴파일링 : 컴파일러라 불리는 언어 번역기를 통해 번역하는 작업

34 ①

DEL : 파일 삭제

오답 피하기

- TIME : 시간 확인 및 설정
- DATE : 날짜 확인 및 설정
- COPY : 파일 복사

35 ④

스케줄러(Scheduler)는 메모리에서 실행을 대기하는 처리들 중 하나를 선택하여 중앙 처리 장치에 할당해 줌

36 ③

- 로더(Loader) : 기계어로 번역된 목적프로그램을 주기억 장치에 적재하여 실행할 수 있도록 해주는 시스템 프로그램
- 로더(Loader)의 기능 : 할당(Allocation), 연결(Linking), 재배치(Relocation), 적재(Loading) 등이 있음

37 ③

외부 명령어 : 내부 명령어보다 수행 속도가 느리며 DIR 명령으로 파일의 목록을 확인할 수 있음, 파일의 용량이 비교적 크며 주로 COM, EXE 등의 확장자를 가짐(예 FORMAT, DISKCOPY, UNDELETE, XCOPY, SYS, FDISK 등)

오답 피하기

내부 명령어 : DOS로 부팅 시 COMMAND.COM이 실행될 때 주기억 장치에 상주하여 키보드를 통해 명령이 입력되면 바로 실행되는 명령어(예 DIR, PATH, DEL, VER, TYPE, COPY, DATE, CLS, MD, CD, RD 등)

38 ③

유틸리티(Utility) 프로그램 : 컴퓨터 시스템을 사용할 때 편리하게 이용할 수 있도록 표준화된 지원 프로그램의 총칭. 일반적으로 주변 장치의 드라이버나 데이터 파일의 조작 등에 관계되는 공통 프로그램을 가리킴

39 ①

pwd : 현재 디렉터리의 경로를 표시

`오답 피하기`

- cat : 파일의 내용 표시
- tar : 파일과 디렉터리를 하나로 묶음(보조 기억 장치에 데이터를 압축 저장)
- vi : 화면 단위 편집기, 가장 많이 사용

40 ④

- `Ctrl` + `Esc` : [시작] 메뉴 호출
- `F4` : 주소 표시줄 표시
- `Shift` + `Delete` : 휴지통을 사용하지 않고 완전 삭제

41 ③

Plug & Play 기능 : 하드웨어의 자동 인식 기능

42 ①

cat : 파일의 내용을 출력

`오답 피하기`

- rm : 파일이나 디렉터리 삭제
- ls : 파일 목록 표시
- mv : 파일이나 디렉터리 이동 또는 이름 변경

43 ①

FIFO(First In First Out) : 주기억 장치 내에 가장 먼저 들어온, 가장 오래된 페이지를 교체할 페이지로 선택하는 알고리즘 기법으로 가장 오래된 페이지로 인식된 페이지를 주기억 장치에서 제거

44 ③

대부분의 코드가 C 언어로 기술되어 있음

45 ②

실시간 처리 시스템(Real Time Processing System) : 데이터가 발생되는 즉시 처리하는 방식으로 바로 응답을 받아볼 수 있는 시스템이며 항상 온라인을 유지해야 함, 항공 및 철도 승차권 예약, 좌석 예약, 은행 온라인 업무, 로봇 제어 등

46 ①

선점형(Preemptive) 기법

- 하나의 프로세스가 CPU를 점유하고 있을 때 다른 프로세스가 CPU를 빼앗아 차지할 수 있는 방법, 대화식 시분할 시스템, 실시간 시스템에서 사용됨
- 종류 : RR, SRT, MFQ(다단계 피드백 큐)

`오답 피하기`

비선점형(Non-Preemptive) 기법

- 특정한 프로세스의 작업이 끝날 때까지 CPU를 독점하는 방법
- 종류 : FIFO, 우선순위(Priority), SJF, HRN

47 ③

아이노드(i-node)

- UNIX 파일에 대한 정보를 규정하는 자료 구조
- 파일의 이름, 크기, 소유자, 파일의 종류, 파일의 위치 등에 대한 정보를 가짐
- DOS의 FAT(File Allocation Table)와 유사한 개념

48 ②

DOS의 환경 설정 파일(CONFIG.SYS)은 루트 디렉터리에 있어야 함

49 ①

디렉터리 이동 : cd, 디렉터리 생성 : mkdir

`오답 피하기`

- dump : 시스템 백업 및 추출
- chmod : 파일 접근 모드 변경
- mv : 파일 및 디렉터리 이동 또는 이름 변경
- mount : 파일 시스템 적재

50 ②

`Ctrl` + `A` : 모두 선택

51 ③

전자파(Electron Wave) : 전자기파로, 세기의 변화가 주기적으로 일어나는 전자기장이 공간을 통해 전파해 나가는 것으로 전파(라디오파)라고도 함

52 ②

해밍 거리(Hamming Distance) : 비트 수가 같은 2진 부호에서 각 비트 값의 불일치 개수를 의미하는 것으로 해밍 거리 D가 있을 때 $D \geq 2A+1$인 경우 최대 A개의 오류 정정이 가능함. 따라서 해밍 거리 D는 6이므로 $6 \geq 2A+1$, A=2가 되므로 정정할 수 있는 최대 오류 수는 2가 됨

53 ④

전자 교환기, 기억 장치 등은 온라인(On-line) 처리 시스템의 기본적인 구성에 해당하지 않음

54 ④

나이키스트의 정리(Nyquist theorem) : 디지털 전송 시 생기는 부호 간 간섭을 제거하기 위해 입력 신호의 최고 주파수를 2배 이상 높은 주파수에서 표본화하는 경우 원래의 신호에 맞게 재현할 수 있다는 정리로 나이키스트 표본화 주기는 최고 주파수의 2분의 1과 같음

55 ①

2번 핀 : 송신 데이터, 3번 핀 : 수신 데이터

56 ③

주파수 변조(FM; Frequency Modulation) : 반송파의 주파수를 변조하므로 신호 주파수가 5[KHz], 최대 주파수 편이가 75[KHz]일 때 주파수 변조파의 대역폭은 5+75=80, 80×2=160이 됨

57 ④

데이터 통신 시스템의 구성 : 데이터 전송계, 데이터 처리계, 단말계

58 ②

데이터 통신의 교환 방식 : 회선 교환 방식, 메시지 교환 방식, 패킷 교환 방식

59 ②

주파수 변조(FM : Frequency Modulation)의 변조 지수는 최대 주파수 편이가 60[KHz]이고, 신호파 주파수가 10[KHz]이므로 60/10=6이 됨(변조지수=최대 주파수 편이/신호파 주파수)

60 ①

진폭 위상 변조(QAM; Quadrature Amplitude Modulation) : 2진수 0과 1에 진폭과 위상을 변조하여 전송

오답 피하기
- 주파수 편이 변조(FSK; Frequency Shift Keying) : 2진수 0과 1에 서로 다른 주파수를 적용하여 변조
- 위상 편이 변조(PSK; Phase Shift Keying) : 2진수 0과 1에 서로 다른 위상을 적용하여 전송
- 진폭 편이 변조(ASK; Amplitude Shift Keying) : 2진수 0과 1에 서로 다른 진폭을 적용하여 변조

01 ②	02 ③	03 ②	04 ③	05 ④
06 ④	07 ①	08 ①	09 ④	10 ③
11 ①	12 ①	13 ②	14 ③	15 ④
16 ①	17 ③	18 ④	19 ③	20 ④
21 ①	22 ②	23 ②	24 ③	25 ④
26 ④	27 ①	28 ①	29 ③	30 ②
31 ④	32 ①	33 ②	34 ④	35 ①
36 ④	37 ③	38 ①	39 ③	40 ③
41 ①	42 ③	43 ④	44 ③	45 ④
46 ④	47 ③	48 ③	49 ④	50 ③
51 ②	52 ④	53 ④	54 ③	55 ①
56 ③	57 ③	58 ④	59 ①	60 ①

01 ②

프로그램 카운터(Program Counter) : 다음에 실행할 명령의 주소를 저장하는 기억 장소(=명령 계수기)

오답 피하기
- 누산기(ACC) : 산술 및 논리 연산의 결과를 일시적으로 기억하는 레지스터
- 명령어 레지스터(Instruction Register) : 현재 수행 중인 명령을 기억
- 범용 레지스터(General Purpose Register) : 컴퓨터의 CPU 내에 있는 레지스터 중에서 계산 결과의 임시 저장, 산술 및 논리 연산 등의 여러 가지 목적으로 사용될 수 있는 레지스터

02 ③

스택(Stack) : 삽입과 삭제가 한쪽 끝에서만 이루어지는 선형 구조이며, LIFO(Last In First Out) 구조로 나중에 입력된 데이터가 가장 먼저 출력되는 구조, 삽입은 Push down, 삭제는 Pop up으로 동작함

03 ②

- 인출 사이클(Fetch Cycle) : 주기억 장치로부터 CPU로 명령어를 가져오는 사이클(=Load)
- 간접 사이클(Indirect Cycle) : 명령어를 가져오면 피연산자를 옮겨와야 되는데 간접 주소 지정이 허용되는 경우에는 실행 사이클에 앞서 간접 사이클이 진행됨
- 실행 사이클(Execute Cycle) : 인출된 명령어를 이용하여 직접 명령을 실행하는 사이클
- 인터럽트 사이클(Interrupt Cycle) : 인터럽트가 발생했을 때 처리하는 사이클

04 ③

전가산기(FA; Full Adder) : 두 비트와 전 상태의 자리올림수를 더해서 합과 최종 자리올림수를 얻는 회로로 2개의 반가산기와 1개의 OR 게이트로 구성

05 ④

CISC(Complex Instruction Set Computer)
- 명령어가 많으며 여러 주소 지정 모드를 지원, 가변 길이 명령어 형식
- 프로그래밍이 용이하나 처리 속도가 느림
- 전력 소모가 많고 생산 가격이 비싸며 설계와 구현 시 많은 시간 필요
- 80286, 80386, 80486, Pentium CPU 등의 일반 PC 프로세서

06 ④

EBCDIC 코드(Extended BCD Interchange Code, 확장 2진화 10진 코드)
: Zone은 4비트, Digit는 4비트로 구성, 8비트로 256가지의 표현이 가능, 확장된 BCD코드로 대형 컴퓨터에서 사용되는 범용 코드

07 ①

가상 기억 장치(Virtual Memory)
- 기억 장소를 주기억 장치의 용량으로 제한하지 않고, 보조 기억 장치까지 확대하여 사용
- 기억 공간의 확대에 목적이 있음(처리 속도 향상 아님)
- 가상 기억 장치로는 임의 접근이 가능한 자기 디스크를 많이 사용

08 ①

연산 장치(ALU; Arithmetic & Logic Unit)
- 산술적인 연산과 논리적인 연산을 담당하는 장치(가산기, 보수기, 누산기 등)
- 산술 연산 : 10진 연산(사칙 연산), 고정 소수점 연산, 부동 소수점 연산 등
- 논리 연산 : AND 연산(일부 데이터 삭제), OR 연산(일부 데이터 추가), NOT 연산(보수) 등

09 ④

출력이 1인 경우 A는 1, B는 0이므로 진리표에 해당하는 논리식은 $A \cdot \overline{B}$가 됨

10 ③

명령 코드의 비트가 n비트이면 총 2^n개의 명령어를 만들 수 있으므로 OP Code를 3Bit 사용하는 경우 $2^3=8$개의 인스트럭션을 사용할 수 있음

11 ①

$(A+1) \cdot (B+1) + C \leftarrow$ 합의 법칙(A+1=1, B+1=1)
$= 1 \cdot 1 + C \leftarrow$ 합의 법칙(1+C=1)
$= 1$

12 ①

반가산기(HA; Half Adder)
- 2진수 1자리(1Bit)의 A와 B를 더한 합(Sum)과 자리올림수(Carry)를 얻는 회로
- 입력 : 2개(A, B), 출력 : 2개(S, C)
- AND 회로와 XOR 회로로 구성

13 ②

약식 주소 : 주소 표현 방식 중 주소의 일부분을 생략한 방식으로 계산에 의해 기억 장치에 접근함

14 ③

묵시적 주소 지정(Implied Addressing) : 주소 부분이 묵시적(암시적)으로 정해져 있는 방식으로 산술 명령은 ACC(누산기)를 이용하여 연산을 수행함

15 ④

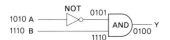

16 ①

플래그 레지스터(Flag Register) : 플래그 비트들로 구성된 레지스터로 제어 논리 및 산술 논리 연산 장치의 실행 순서를 제어

17 ③

MIPS(Million Instruction Per Second) : 1초 동안 1백만 개의 연산을 수행

오답 피하기
- MHz(MegaHertz) : 메가헤르츠는 1초 동안의 파동의 수가 100만인 사이클을 의미하며, 메가사이클(Megacycle)이라고도 함
- KIPS(Kilo Instruction Per Second) : 1초 동안 1,000개의 연산을 수행
- LIPS(Logical Inference Per Second) : 1초 동안 실행 가능한 논리적 추론 횟수임

18 ④

색인 주소 지정(Index Address Mode) : 인덱스 레지스터 주소 부분의 값을 더해서 주소를 지정하는 방식, 유효번지=오퍼랜드 번지값+인덱스 레지스터의 내용

오답 피하기
- 직접 지정 번지(Direct Addressing) : 주소 부분에 있는 값이 실제 데이터가 있는 주기억 장치 내 주소를 나타냄
- 간접 지정 번지(Indirect Addressing) : 명령어의 주소 부분으로 지정한 기억 장소의 내용이 실제 데이터가 있는 곳의 주소로 사용되는 방식임
- 상대 지정 번지(Relative Address) : 별도로 지정된 번지를 기준으로 하여 상대적으로 나타내는 번지

19 ③

마이크로프로세서(Microprocessor) : CPU(중앙 처리 장치)의 기능을 수행하기 위하여 만든 고밀도 집적 회로(LSI)로 연산 장치, 제어 장치, 레지스터로 구성

20 ④

J=K=1이 되면 전(前) 상태의 보수(Complement)이 됨

J	K	$Q_{(t+1)}$
0	0	전 상태 불변
0	1	0
1	0	1
1	1	전 상태 반전

21 ①

DISTINCT : 검색 결과값 중 중복된 결과값(레코드)을 제거

22 ②

필터(Filter) : 사용자가 설정하는 특정 조건을 만족하는 자료만 검색, 추출하는 기능

오답 피하기
- 정렬(Sort) : 문자 목록의 데이터를 특정 필드의 크기 순서에 따라 재배열하는 기능
- 매크로(Macro) : 자주 사용하는 명령, 반복적인 작업 등을 기록하여 해당 작업이 필요할 때마다 바로 가기 키나 실행 단추를 눌러 쉽고, 빠르게 작업을 수행하는 기능
- 프레젠테이션(Presentation) : 기업의 제품 소개나 연구 발표, 회의 내용 요약 등 각종 그림이나 도표, 그래프 등을 이용하여 많은 사람에게 효과적으로 의미를 전달할 때 사용되는 응용 프로그램

23 ②

도메인(Domain) : 애트리뷰트가 취할 수 있는 값(Value)들의 집합

오답 피하기
• 튜플(Tuple) : 테이블에서 행을 나타내는 말로 레코드와 같은 의미임
• 스키마(Schema) : 데이터베이스를 구성하는 파일, 레코드, 항목의 형식과 상호 관계 전체를 정의한 것으로 외부 스키마, 개념 스키마, 내부 스키마가 있음
• 인스턴스(Instance) : 객체 지향에서 클래스의 연산과 추상 자료에 특정한 객체를 만들 때 대입되는 값

24 ③

GRANT : 데이터를 조작하는 권한을 사용자에게 부여

오답 피하기
REVOKE : 데이터를 조작하는 권한의 부여 해제

25 ④

슬라이드 : 프레젠테이션을 구성하는 한 페이지 단위를 의미

오답 피하기
• 개체(Object) : 슬라이드를 구성하는 그림이나 도형 등의 개개의 요소를 의미함
• 개요 : 시나리오에 의한 프레젠테이션의 줄거리로 전체 슬라이드의 문자열 내용을 의미함
• 스크린 팁(Screen Tip) : 도구 단추에 마우스 포인터를 대면 나타나는 도구 설명(Tool Tip)

26 ④

데이터베이스 설계 단계
요구 조건 분석 → 개념적 설계 → 논리적 설계 → 물리적 설계 → 구현

27 ①

널(Null) : 아무것도 없다는 의미로 값 자체가 존재하지 않음

28 ①

셀(Cell) : 스프레드시트의 기본 입력 단위로 행과 열이 만나서 이루는 사각형

오답 피하기
• 차수(Degree) : 한 릴레이션(테이블)에서 속성(필드=열)의 개수 예 4개(성명, 주소, 학교명, 성별)
• 기수(Cardinality) : 카디널리티라고도 하며 한 릴레이션(테이블)에서의 튜플의 개수

29 ①

뷰(VIEW) : 하나 이상의 기본 테이블에서 유도하여 만든 가상 테이블

오답 피하기
• 스키마(Schema) : 데이터베이스를 구성하는 파일, 레코드, 항목의 형식과 상호 관계 전체를 정의한 것으로 외부 스키마, 개념 스키마, 내부 스키마가 있음
• 도메인(Domain) : 애트리뷰트가 취할 수 있는 값(Value)들의 집합

30 ②

DROP : 데이터베이스, 테이블, 뷰 등의 삭제

오답 피하기
• DELETE(삭제문) : 삭제문으로 테이블에 저장되어 있는 행을 삭제하며 DELETE-FROM-WHERE의 유형을 가짐
• ALTER : 데이터베이스, 테이블의 구조 변경

31 ④

rm : 파일 삭제 명령

오답 피하기
• ls : 지정한 디렉터리의 파일을 보여줌
• cp : 파일 복사 명령
• pwd : 현재 디렉터리의 경로를 표시

32 ②

대부분의 교착 상태 처리 기법은 교착 상태 예방(Deadlock Prevention), 교착 상태 회피, 교착 상태 탐지와 복구 등 세 가지 범주로 나누어짐

33 ②

내부 명령어 : 명령어 해석기가 주기억 장치에 상주하여 언제든지 실행 가능한 명령어(DIR, DEL, CLS, TYPE, VER PATH, PROMPT, MD, CD, RD, COPY, REN, VOL 등)

오답 피하기
• SORT : 정렬 및 결과를 화면, 파일 형태로 출력
• SYS : 부팅 디스트 생성
• FDISK : 하드 디스크의 논리적인 파티션 설정

34 ④

오답 피하기 : 현재 작업을 취소

35 ①

UNIX의 구성
• 커널(Kernel) : UNIX의 가장 핵심적인 부분으로 항상 주기억 장치에 상주, 시스템의 자원을 관리
• 셸(Shell) : 사용자와 UNIX 간의 인터페이스 역할
• 유틸리티(Utility) : DOS의 외부 명령어에 해당, 사용자 편리를 위해 준비된 시스템 프로그램

36 ④

교착 상태(Deadlock) : 자원은 한정되어 있으나 각 프로세스가 서로 자원을 차지하려고 무한정 대기하는 상태로 해당 프로세스의 진행이 중단되는 상태를 의미

오답 피하기
• 세마포어(Semaphore) : 운영체제의 자원을 경쟁적으로 사용하는 다중 프로세서에서 행동을 조정하거나 동기화시키는 기술로, 공유된 자원 접근 시 프로세스 간의 통신 기법
• 가비지 수집(Garbage Collection) : 기억 장치 안의 버려진 데이터의 기억 영역을 이용하기 위해 정리하는 것
• 코루틴(Co-routine) : Simula라는 컴퓨터 언어에서 주로 사용, 대등한 입장의 호출이 서로 가능한 루틴을 의미함

37 ①

운영체제의 목적 : 처리 능력의 향상, 응답 시간 단축, 신뢰도 향상, 사용 가능도 증대

오답 피하기

응답 시간은 결과를 얻게 될 때까지 걸리는 시간으로 짧을수록 좋음

38 ①

이것은 멀티프로그래밍 환경에서 공유된 메모리에 접근을 제한하기 위한 고전적인 방법을 구성하는 보호된 변수(또는 추상 데이터 유형). 이것은 단일 자원의 잠근/해제 플래그 대신에 사용 가능한 자원의 집합을 위한 카운터임

→ Mutex(MUTual EXclusion ; 뮤텍스) : 상호 배제

39 ③

SELECT(열 이름)
FROM(테이블)
WHERE(조건)
GROUP BY(그룹)

40 ③

속성	기능
R(Read Only)	읽기 전용 파일 속성
A(Archive)	저장 기능 속성
S(System)	시스템 파일 속성
H(Hidden)	숨김 속성

41 ①

FIND : 하나 또는 여러 개의 파일에서 특정한 문자열을 검색하는 기능

오답 피하기

• MORE : 한 화면 단위의 내용을 출력하는 명령어로 파이프(|) 기호와 함께 사용
• SORT : 내용을 정렬하고 결과를 화면 또는 파일 형태로 출력하는 명령어로 파이프(|) 기호와 함께 사용

42 ③

FM 신호는 원래 신호폭의 10배 대역폭을 필요로 하므로, FM의 대역폭은 40Mhz임

43 ④

커널 : 입출력 관리, 프로세스 관리 및 통신, 파일 관리, 기억 장치 관리, 시스템 호출 등을 담당함

오답 피하기

명령 해독기(Instruction Decoder) : 명령어 해독

44 ②

8진 PSK = 2^3이므로 한 번 변조로 3비트 전송
2진 PSK = 2^1이므로 한 번 변조로 1비트 전송
따라서 8진 PSK는 2진 PSK에 비해 속도가 3배 빠르므로 8진 PSK 오류율은 루트 3배로 늘어남

45 ④

프로그램 편집기

ed	줄 단위 편집기
ex	ed를 확장한 줄 단위 편집기
vi	화면 단위 편집기, 가장 많이 사용
emacs	vi와 유사하나 Ctrl 과 Meta(Alt)를 사용

46 ④

passwd : 사용자 계정 비밀번호 설정 및 변경

47 ②

프로세스가 어떤 사건이 일어나기를 기다리는 상태로 정지(Halted) 상태, 블록(Block) 상태 등이 있음

오답 피하기

디스패치(Dispatch) : 실행을 기다리는 여러 개의 프로세스 중 한 프로세스에게 CPU의 선점 권한을 부여하는 작업

48 ③

• 확장성과 이식성이 우수하며, 계층적인 디렉터리 구조를 가짐
• 동시에 여러 작업을 할 수 있는 멀티태스킹(Multi Tasking) 운영체제
• 두 사람 이상의 사용자가 동시에 시스템을 사용하는 다중 사용자(Mulit User)시스템

49 ④

• REN(REName) : 파일의 이름을 변경하는데 사용하는 내부 명령어
• FIND : 하나 또는 여러 개의 파일에서 특정한 문자열을 검색하는 기능
• MORE : 한 화면 단위의 내용을 출력하는 명령어로 파이프(|) 기호와 함께 사용

오답 피하기

• 디렉터리를 지운다. → RM
• 파일의 목록을 보여준다. → DIR
• 화면을 깨끗이 지운다. → CLS

50 ③

COPY : + 기호를 사용하여 파일 합치기 기능이 가능함

51 ②

HDLC Frame(프레임)의 구성
시작 플래그(Flag), 주소부(Address), 제어부(Control), 정보부(Information), FCS, 종료 플래그(Flag)

52 ④

- 표본화(Sampling) : 표본 추출 진폭값 부여
- 양자화(Quantization) : 디지털 양으로 변환
- 부호화(Coding) : 양자화된 값을 디지털 신호로 변환(2진값)
- 복호화(Decoding) : 펄스 신호로 복원
- 여과(Filtering) : 원래의 아날로그 신호로 변환

53 ④

가드밴드(Guard Band) : 채널 사이의 간섭을 방지하기 위해 주파수 대역 사이를 이용하지 않고 남겨두는 완충 영역으로 보호 대역이라고도 함

54 ③

서브넷 마스크는 네트워크 ID와 호스트 ID를 구분해 주는 역할을 담당하며, IP 주소 198.0.46.201에 대한 기본 서브넷 마스크는 255.255.255.0의 C 클래스(Class)로 정의됨

55 ①

PCM(Pulse Code Modulation)은 아날로그 신호를 디지털 펄스로 변환하여 전송하고 수신측에서 이를 다시 본래의 아날로그 신호로 환원시키는 방식으로 표본화 주기는 표본화 주파수가 8[khz]일 때 8[khz]는 8,000hz이고 1/8000=0.000125가 되므로 표본화 주기는 125[μs]가 됨(∵표본화 주기 = 1 / 표본화 주파수)

56 ③

전송 트래픽 제어 : 흐름 제어(Flow Control), 교착 상태 회피(Deadlock Avoidance), 혼잡(폭주) 제어(Congestion Control) 등이 있음

57 ③

패리티 검사에서 전송 중 짝수개의 에러 비트가 발생할 경우 에러 검출이 불가

58 ④

ARQ(Automatic Repeat reQuest) : 자동 재전송 방식으로 정지-대기 ARQ(Stop & wait ARQ), 연속적 ARQ(Go-back-N ARQ), 선택적(ARQ), 적응적(Adaptive) ARQ 등이 있음

59 ①

진폭 변조(AM; Amplitude Modulation) : 반송파의 진폭을 변조
오답 피하기
- 주파수 변조(FM; Frequency Modulation) : 반송파의 주파수를 변조
- 위상 변조(PM; Phase Modulation) : 반송파의 위상을 변조

60 ①

정 마크 부호 방식은 패리티 검사가 코드 자체적으로 이루어지는 방식으로 사용되는 코드는 2 out of 5 코드나 비퀴너리(Biquinary) 코드 등이 있음

<table>
<tr><td>01 ①</td><td>02 ④</td><td>03 ④</td><td>04 ①</td><td>05 ①</td></tr>
<tr><td>06 ②</td><td>07 ①</td><td>08 ④</td><td>09 ④</td><td>10 ②</td></tr>
<tr><td>11 ①</td><td>12 ④</td><td>13 ①</td><td>14 ③</td><td>15 ①</td></tr>
<tr><td>16 ①</td><td>17 ③</td><td>18 ②</td><td>19 ③</td><td>20 ①</td></tr>
<tr><td>21 ④</td><td>22 ③</td><td>23 ②</td><td>24 ②</td><td>25 ①</td></tr>
<tr><td>26 ②</td><td>27 ④</td><td>28 ③</td><td>29 ④</td><td>30 ④</td></tr>
<tr><td>31 ④</td><td>32 ④</td><td>33 ③</td><td>34 ①</td><td>35 ②</td></tr>
<tr><td>36 ②</td><td>37 ③</td><td>38 ②</td><td>39 ②</td><td>40 ③</td></tr>
<tr><td>41 ①</td><td>42 ③</td><td>43 ②</td><td>44 ①</td><td>45 ①</td></tr>
<tr><td>46 ③</td><td>47 ④</td><td>48 ④</td><td>49 ②</td><td>50 ①</td></tr>
<tr><td>51 ④</td><td>52 ①</td><td>53 ④</td><td>54 ③</td><td>55 ②</td></tr>
<tr><td>56 ④</td><td>57 ③</td><td>58 ②</td><td>59 ④</td><td>60 ④</td></tr>
</table>

2-50p

01 ①

채널 : 주기억 장치와 입출력 장치 사이에서 CPU와 독립적으로 데이터를 처리함으로써 CPU의 부담을 덜고 작업 효율을 높이기 위한 회로 또는 소형 컴퓨터로 제어 장치에서 명령을 전달받음

02 ④

명령어의 형식 : 명령 코드부(OP-Code)와 번지부(Operand)로 구성

03 ④

반가산기 : AND 회로와 XOR 회로로 구성

A	B	합(S) (XOR 회로)	자리올림수(C) (AND 회로)
0	0	0	0
0	1	1	0
1	0	1	0
1	1	0	1

04 ①

오답 피하기
상대 번지(Relative Address) : 특정 번지를 기준으로 하여 상대적 위치를 나타내는 번지

05 ①

1의 보수 : 0은 1로, 1은 0으로 바꾸어 구함

06 ②

XOR 게이트 : 둘 중 하나의 값이 1일 때만 출력값이 1이 됨

07 ①

1+A=1

08 ④

레지스터에 저장된 값을 연산하는 건 연산 명령어의 기능임

09 ④

즉시 주소 지정(Immediate Addressing) : 명령어 주소 부분에 있는 값 자체가 실제의 데이터가 되는 구조로 주기억 장치의 참조가 없으므로 속도가 빠름

10 ②

ASCII 코드 : 7비트 코드로, $2^7(=128)$개의 서로 다른 정보 표현

11 ①

OR 회로 : 두 개의 입력값 중 하나 이상이 1이면 출력값이 1이 되는 회로

12 ④

오답 피하기

- 멀티플렉서 : 2^n개의 입력을 받아들여 하나의 출력선으로 정보를 출력하는 논리 회로
- 인코더(Encoder) : 2^n개의 입력을 받아들여 n개의 데이터를 출력하고 OR 게이트로 구성되며 부호기
- 디코더(=해독기) : n개의 입력 신호를 2^n개의 출력선 중 하나로 선택 출력하는 회로

13 ①

연산 장치 : 산술 및 논리 연산을 실행하는 장치

14 ③

IP 주소 : TCP/IP 프로토콜을 사용하여 통신을 할 때, 송신자와 수신자를 구별하기 위한 고유의 주소

15 ①

묵시적 주소 지정(Implied Addressing) : 주소 부분이 묵시적(암시적)으로 정해져 있는 방식, 스택(Stack) 구조 주소 방식

16 ①

$(23)_{10}=(10111)_2$

```
2 |23
2 |11 …1
2 |5  …1
2 |2  …1
   1  …0
```

17 ③

캐시 메모리(Cache Memory) : CPU와 주기억 장치 사이에 있는 고속의 버퍼 메모리로 자주 참조되는 데이터나 프로그램을 메모리에 저장, 메모리 접근시간을 감소시키기 위한 목적으로 사용됨

18 ②

마이크로프로세서(Microprocessor) : CPU(중앙 처리 장치)의 기능을 수행하기 위하여 만든 고밀도 집적 회로(LSI)로 연산 장치, 제어 장치, 레지스터로 구성

19 ③

6장×2면-2(가장 윗면+밑면)=10면 사용 가능

20 ①

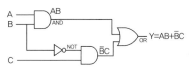

21 ④

시나리오 : 프레젠테이션에서 프레젠테이션의 흐름을 기획한 것

오답 피하기

- 개체(Object) : 슬라이드를 구성하는 그림이나 도형 등의 개개의 요소
- 슬라이드(쪽) : 프레젠테이션에서 화면 전체를 전환하는 단위

22 ③

프레젠테이션 : 동영상 처리 및 애니메이션 효과를 구현하기 쉬움

23 ③

데이터 조작 언어(DML) : 테이블 내의 레코드를 검색(SELECT), 삽입(INSERT), 갱신(UPDATE), 삭제(DELETE)하고자 할 때 사용하는 데이터 조작 언어

24 ②

- ORDER BY : 검색 결과에 대한 정렬을 수행
- DESC : 내림차순을 의미

25 ①

DROP : 데이터베이스, 테이블, 뷰 등의 삭제

26 ②

DELETE 삭제문 : DELETE-FROM-WHERE

27 ④

스키마의 종류
- 내부 스키마 : 물리적인 데이터 구성
- 개념 스키마 : 데이터베이스의 논리적 구조
- 외부 스키마 : 데이터베이스와 사용자 간의 직접적인 매개 역할을 담당하는 구조

28 ③

데이터베이스 설계 단계 : 요구 조건 분석 → 개념적 설계 → 논리적 설계 → 물리적 설계 → 구현

29 ④

매크로(Macro) : 자주 사용하는 명령, 반복적인 작업 등을 기록하여 해당 작업이 필요할 때마다 바로 가기 키나 실행 단추를 눌러 쉽고, 빠르게 작업을 수행하는 기능

30 ④

데이터베이스의 장점은 데이터 중복의 최소화임

31 ④

해석 : UNIX 운영체제는 세 개의 중요한 특성을 가진다. (Kernel), (Shell) and (File System=Utility)

32 ④

데이터 저장 공간은 기억 장치에 해당함

33 ③

- wc : 줄 단어수, 바이트 수 세기
- pwd : 현재 디렉터리의 경로 표시
- kill : 수행 중인 프로세스 강제 중지
- passwd : 사용자 각각의 비밀번호 설정 및 변경

34 ①

운영체제의 발전 과정 : 일괄(배치) 처리 → 실시간 처리 → 다중 프로그래밍 → 시분할 처리 → 다중 처리 → 분산 처리

35 ②

디렉터리 : 파일을 저장하고 보관하는 곳

36 ②

UNIX : C 언어 기반으로 제작된 시분할 온라인 대화식 시스템

37 ③

휴지통에 있는 파일을 실행하려면 복원을 시켜서 실행해야 함

38 ②

가청 주파수의 범위 : 20Hz~20KHz

39 ②

cmp : 두 개의 파일의 차이점이 나타난 바이트와 행 번호 표시

40 ③

환경 설정 파일(CONFIG.SYS)
- 부팅 시 컴퓨터 시스템 및 주변 장치에 필요한 기본 환경을 설정
- 프로그램의 수행 중단 기능을 설정(BREAK = ON)

41 ①

-h 옵션 : 표시되는 용량 단위를 KB, MB, GB로 나타냄

42 ③

다음 중 처리 프로그램이 아닌 것은?
Job Management Program(작업 관리 프로그램) ← 제어 프로그램(Control Program)

오답 피하기

처리 프로그램(Process Program) : 언어 번역 프로그램(Language Translator Program), 서비스 프로그램(Service Program), 문제 처리 프로그램(Problem Processing Program)

43 ②

스풀링(Spooling) : 출력 정보를 보조 기억 장치에 일시적으로 저장하여 CPU의 효율성을 향상시키는 방법

44 ①

일괄 처리 시스템(Batch Processing System)
- 처리할 데이터를 일정 기간 또는 일정량 모았다가 한꺼번에 처리하는 방식
- 급여 관리의 경우 1개월 단위로 정산이 이루어짐으로 일괄 처리에 적합

45 ①

FORMAT C: /S : 시스템 파일을 복사하여 부팅 가능한 디스크로 만듦

오답 피하기

FORMAT C: /Q : 빠른 포맷

46 ③

fork : 프로세스 생성, 복제

오답 피하기

- exec : 프로세스 실행
- exit : 프로세스 종료
- pipe : 파이프 생성

47 ④

운영체제의 기능
- 프로세스 관리
- 주기억 장치, 처리기, 주변 장치 등의 자원 관리 기능
- 사용자에게 편의성 제공

48 ④

FDISK : 하드 디스크의 논리적인 파티션 설정

오답 피하기

- CHKDSK : 디스크 상태 점검
- ATTRIB : 파일 속성 변경
- FORMAT : 디스크 초기화

49 ②

ps : 프로세스 상태 보기

오답 피하기

- ping : 네트워크상의 다른 컴퓨터들의 연결 상태 점검
- pwd : 현재 디렉터리의 경로 표시
- cd : 디렉터리 경로 변경

50 ①

스미싱(Smishing) : 문자메시지(SMS)와 피싱(Phishing)의 합성어로 문자메시지 내의 인터넷 주소를 클릭하면 악성코드가 설치되어 피해자가 모르는 사이에 소액결제 피해 발생 또는 개인 금융정보를 탈취하는 수법

51 ④

- 망형 통신 회선의 링크 수 : $\dfrac{n(n-1)}{2}$

- $\dfrac{10(10-1)}{2} = \dfrac{90}{2} = 45$

52 ①

4비트(Quadbit=16위상)가 한 신호 단위인 경우 : BPS=Baud×4
∴3600[Baud]×4=14400[bps]

53 ④

LAN의 특징
- 광대역 전송 매체의 사용으로 고속 통신이 가능하며 에러율이 낮음
- 데이터, 음성, 화상 등의 종합적인 정보 전송이 가능
- 정보 기기의 재배치 및 확장성이 우수
- 자원의 공유와 데이터의 일관성

54 ③

RS-232C

- 2번 핀 : 송신 데이터
- 3번 핀 : 수신 데이터
- 4번 핀 : 송신 요구 허가 요청
- 5번 핀 : 송신 준비 완료

55 ②

PCM 변조 과정 : 신호 → 표본화 → 양자화 → 부호화 → 복호화 → 여과

56 ④

전송 선로의 전기적인 1차 정수 : 도체 저항, 인덕턴스, 정전 용량, 컨덕턴스

57 ③

멀티미디어 : 다양한 매체를 통해 정보를 전달한다는 의미로 그림, 사진, 음성, 화상 데이터를 양방향으로 주고받을 수 있으며 압축 기술을 사용

58 ②

표현 계층 : 정보의 형식 설정 및 부호 교환, 암호화, 해독, 압축 등

59 ④

dB : 소음의 크기를 나타내는 단위

60 ④

진폭 변조(AM; Amplitude Modulation) : 아날로그 정보의 반송파 진폭을 변조하는 방식

MEMO

MEMO